KB197479

강철 멘탈 필사노트

교재의 특징

- 수능, 모의고사 기출 영단어를 활용한 명언들
- 명언을 통한 자연스러운 영단어 학습
- 학습에 대한 동기 부여 제공
- 필사를 통한 쓰기 연습
- 영어를 영어답게 공부할 수 있는 책

강철 멘탈 필사노트

a transcription note

정승익 지음

NEVER
GIVE UP

PART 1

꿈

꿈은 모든 여정의 시작입니다.

꿈을 갖고, 미래를 위한

도전을 시작할 시간입니다.

1. DATE. 20 . . .

"Dreams are nurtured through patience and relentless effort, growing stronger with every challenge."

꿈은 인내와 끊임없는 노력으로 가꿔지며, 도전할 때마다 더 강해진다.

Dreams are nurtured through patience

and relentless effort, growing stronger

with every challenge.

기출 Vocabulary

nurture	v. 양육하다, 기르다	nurture a vision	비전을 기르다
relentless	a. 끊임없는	relentless pursuit	끊임없는 추구
effort	n. 노력	sustained effort	지속적인 노력
thrive	v. 번영하다	thrive in adversity	역경 속에서 번영하다
strengthen	v. 강화하다	strengthen determination	결의를 강화하다
resolve	n. 결심, 결의	firm resolve	확고한 결의
valuable	a. 소중한, 가치 있는	valuable contribution	가치 있는 기여
pride	n. 자부심, 자랑	sense of pride	자부심

Dreams require constant nurturing, just as plants need water and sunlight to thrive. Challenges along the way strengthen our resolve and make our dreams more valuable. Facing these challenges helps us grow and transforms our dreams into sources of pride.

꿈은 식물이 물과 햇빛을 필요로 하듯 끊임없는 보살핌이 필요합니다. 여정의 도전은 우리의 결의를 강화하고 꿈을 더욱 소중하게 만듭니다. 이러한 도전에 맞서며 우리는 성장하고 우리의 꿈은 자부심의 원천으로 변합니다.

_____

_____

_____

_____

_____

_____

_____

_____

_____

2. DATE. 20 . . .

"A persistent spirit can overcome any obstacle, making every step along the path to your dream worthwhile."

끈기 있는 정신은 어떤 장애물도 극복할 수 있으며, 꿈을 향한 길의 매 걸음을 가치 있게 만든다.

기출 Vocabulary

persistent	a. 끈질긴, 지속적인	persistent effort	끈질긴 노력
overcome	v. 극복하다	overcome challenges	도전을 극복하다
obstacle	n. 장애물	significant obstacle	중대한 장애물
worthwhile	a. 가치 있는	worthwhile endeavor	가치 있는 노력
intimidate	v. 위협하다	intimidate competitors	경쟁자를 위협하다
determined	a. 결심한, 단호한	determined mindset	단호한 사고방식
surmountable	a. 극복 가능한	surmountable difficulty	극복 가능한 어려움
achieve	v. 이루다, 성취하다	achieve success	성공을 이루다

Persistence is what turns dreams from simple wishes into achievable goals. Obstacles may seem intimidating at first, but a determined spirit makes them surmountable. Every step you take builds the strength needed to achieve your dreams.

끈기는 꿈을 단순한 소망에서 실현 가능한 목표로 바꿉니다. 장애물은 처음에는 무섭게 보일 수 있지만, 결단력 있는 정신은 그것들을 극복할 수 있게 만듭니다. 여러분이 내딛는 모든 발걸음은 꿈을 이루기 위해 필요한 힘을 쌓아줍니다.

3. DATE. 20 . . .

"Every dream begins as an abstract idea, but with dedication, it becomes a tangible reality."

모든 꿈은 추상적인 생각으로 시작되지만, 헌신으로 인해 실현 가능한 현실이 된다.

_____

_____

_____

_____

기출 Vocabulary

abstract	a. 추상적인, 관념적인	abstract concept	추상적 개념
dedication	n. 헌신, 전념	dedication to a cause	대의에 대한 헌신
tangible	a. 유형의, 실질적인	tangible asset	유형 자산
vague	a. 모호한, 애매한	vague impression	모호한 인상
concept	n. 개념, 구상	innovative concept	혁신적 개념
distant	a. 먼, 떨어져 있는	distant future	먼 미래
intangible	a. 무형의, 실체가 없는	intangible benefit	무형의 혜택
commit	v. 전념하다, 헌신하다	commit to a task	과업에 전념하다

Dreams often begin as vague, abstract concepts that feel distant from reality. It's through dedication and hard work that we shape them into achievable goals. What once seemed intangible becomes real when we commit ourselves fully.

꿈은 종종 모호하고 추상적인 개념으로 시작됩니다. 그러나 헌신과 노력으로 우리는 그것을 실현 가능한 목표로 만들 수 있습니다. 한 때는 불가능해 보이던 것도 우리가 전념하면 현실이 됩니다.

4. DATE. 20 . . .

"Even in the darkest moments, a dream can light the path if you have the courage to follow it."

가장 어두운 순간에도, 꿈은 따를 용기만 있다면 길을 밝힐 수 있다.

_____

_____

_____

_____

기출 Vocabulary

darkest	a. 가장 암울한	darkest hour	가장 암울한 시간
light	v. 비추다, 밝히다	light the way	길을 밝히다
beacon	n. 신호, 등대	beacon of hope	희망의 신호
challenging	a. 도전적인	challenging situation	도전적인 상황
essential	a. 필수적인, 중요한	essential component	필수 요소
pursue	v. 추구하다, 쫓다	pursue a passion	열정을 추구하다
bravery	n. 용감함	display bravery	용기를 보여주다
illuminate	v. 명확히 하다	illuminate an idea	아이디어를 명확히 하다

Dreams can serve as beacons during challenging times, giving you direction and hope. Courage is essential when it comes to pursuing these dreams, especially when faced with obstacles. Following your dreams with bravery helps illuminate the path forward, even when it feels uncertain.

꿈은 어려운 시기에 등대처럼 방향과 희망을 제공합니다. 특히 장애물에 직면할 때, 용기는 이러한 꿈을 추구하는 데 필수적입니다. 용기를 가지고 꿈을 따르면, 비록 불확실해 보일지라도 꿈이 길을 밝혀줄 것입니다.

5. DATE. 20   .   .   .

"A bold dream has the power to inspire not only you but everyone around you."

대담한 꿈은 당신뿐만 아니라 주위 사람들에게까지 영감을 줄 수 있는 힘이 있다.

기출 Vocabulary

bold	a. 대담한, 용감한	bold decision	대담한 결정
inspire	v. 영감을 주다, 고무하다	inspire creativity	창의력을 고취하다
contagious	a. 전염성 있는	contagious enthusiasm	전염성 있는 열정
motivate	v. 동기를 부여하다	motivate others	다른 사람들에게 동기를 부여하다
ambitious	a. 야심 있는	ambitious project	야심찬 프로젝트
spread	v. 퍼뜨리다	spread positivity	긍정적인 에너지를 퍼뜨리다
uplifting	a. 희망을 주는, 격려하는	uplifting message	희망적인 메시지
environment	n. 환경, 분위기	supportive environment	지지적인 환경

14

Bold dreams are contagious and can motivate others to reach their goals. When you pursue ambitious goals, you inspire others to believe that bigger dreams are possible. Inspiration spreads, creating a supportive and uplifting environment for everyone.

대담한 꿈은 전염성이 있어 다른 사람들에게도 자신의 목표를 향해 나아갈 동기를 부여할 수 있습니다. 여러분이 야심찬 목표를 추구할 때, 다른 사람들에게도 더 큰 꿈이 가능하다는 것을 보여줍니다. 영감은 퍼져나가며 모두에게 힘과 희망을 주는 환경을 만듭니다.

6. DATE. 20   .   .   .

"The journey of a dream is filled with discovery and growth; embrace each step as it comes."

꿈의 여정은 발견과 성장으로 가득하다. 다가오는 모든 단계를 받아들여라.

기출 Vocabulary

journey	n. 여정, 여행	embark on a journey	여정을 시작하다
discovery	n. 발견	make a discovery	발견하다
growth	n. 성장, 발전	personal growth	개인적 성장
embrace	v. 받아들이다	embrace a challenge	도전을 받아들이다
pursue	v. 추구하다, 쫓다	pursue a passion	열정을 추구하다
lesson	n. 교훈, 배움	learn a lesson	교훈을 얻다
pursuit	n. 추구, 탐구	pursuit of happiness	행복의 추구
meaningful	a. 의미 있는	meaningful experience	의미 있는 경험

Pursuing a dream is not just about reaching the final goal, but also about discovering new things about yourself and the world. Every step you take helps you grow and learn valuable lessons. Embracing the journey itself makes the pursuit even more meaningful.

꿈을 추구하는 것은 최종 목표에 도달하는 것뿐만 아니라, 자신과 세상에 대한 새로운 발견을 포함합니다. 내딛는 모든 발걸음은 성장을 돕고 귀중한 교훈을 제공합니다. 여정 자체를 받아들이면, 꿈의 추구가 더 의미 있어집니다.

7. DATE. 20 . . .

"To achieve great dreams, one must first overcome the fear of failing."
위대한 꿈을 이루기 위해서는 먼저 실패에 대한 두려움을 극복해야 한다.

기출 Vocabulary

overcome	v. 극복하다	overcome fear	두려움을 극복하다
failure	n. 실패	fear of failure	실패에 대한 두려움
confront	v. 직면하다, 맞서다	confront a challenge	도전에 맞서다
prevent	v. 막다, 방지하다	prevent a crisis	위기를 방지하다
potential	n. 잠재력	unlock potential	잠재력을 발휘하다
resilience	n. 회복력, 탄력성	build resilience	회복력을 기르다
confidence	n. 자신감	boost confidence	자신감을 증진하다
pursue	v. 추구하다	pursue a dream	꿈을 추구하다

Achieving big dreams requires confronting your fears and moving past them. The fear of failure can hold you back and prevent you from reaching your full potential. By overcoming this fear, you gain the confidence and resilience necessary to pursue your goals.

큰 꿈을 이루기 위해서는 두려움에 맞서고 극복해야 합니다. 실패에 대한 두려움은 여러분을 가로막고 잠재력을 발휘하지 못하게 할 수 있습니다. 이 두려움을 극복함으로써 목표를 추구할 자신감과 회복력을 얻을 수 있습니다.

---

8. DATE. 20　　•　　•　　•

"True fulfillment comes not from perfection, but rather from the courage to pursue your aspirations."

진정한 성취는 완벽함에서 오는 것이 아니라, 당신의 열망을 추구하는 용기에서 온다.

_____

_____

_____

_____

기출 Vocabulary

fulfillment	n. 성취감, 충족	sense of fulfillment	성취감
aspiration	n. 열망, 포부	achieve an aspiration	열망을 이루다
standard	n. 기준, 표준	high standard	높은 기준
discourage	v. 좌절시키다	discourage attempts	시도를 좌절시키다
matter	v. 중요하다	what truly matters	진정으로 중요한 것
imperfection	n. 결점	embrace imperfection	결점을 받아들이다
satisfaction	n. 만족, 충족	bring satisfaction	만족을 가져오다
growth	n. 성장, 발달	personal growth	개인적 성장

Perfection is often an unreachable standard that can discourage you from trying. What really matters is having the courage to go after what you truly want. This pursuit, even with its imperfections, brings true satisfaction and growth.

완벽함은 종종 닿을 수 없는 기준으로, 여러분이 시도하려는 의지를 좌절시킬 수 있습니다. 정말 중요한 것은 진실로 원하는 것을 따를 용기를 가지는 것입니다. 이러한 추구는 비록 불완전할지라도 진정한 만족과 성장을 가져옵니다.

---

9. DATE. 20 . . .

"Dreams are the foundation of every remarkable achievement; nurture them with patience and action."

꿈은 모든 놀라운 성취의 토대이다. 인내와 행동으로 꿈을 키워라.

_____

_____

_____

_____

기출 Vocabulary

foundation	n. 기초, 토대	lay a foundation	기초를 다지다
remarkable	a. 놀라운	remarkable progress	놀라운 진전
achievement	n. 업적	outstanding achievement	뛰어난 업적
patience	n. 인내, 끈기	show patience	인내를 발휘하다
significant	a. 중요한	significant contribution	중요한 기여
basis	n. 기초, 근거	provide a basis	근거를 제공하다
persistent	a. 끈질긴, 지속적인	persistent effort	끈질긴 노력
combination	n. 결합, 조합	unique combination	독특한 조합

Dreams form the basis of every significant success, but they require patience and action to become a reality. You must be persistent and put in the work to bring them to life. The combination of dreaming and action makes great achievements possible.

꿈은 모든 중요한 성공의 기반이 되지만, 현실이 되기 위해서는 인내와 행동이 필요합니다. 끈기 있게 노력하고 행동해야 꿈이 실현됩니다. 꿈과 행동이 합쳐지면 위대한 성취가 가능합니다.

10. DATE. 20 . . .

"Every challenge you confront strengthens your ability to dream bigger."

당신이 마주하는 모든 도전은 더 큰 꿈을 꿀 수 있는 능력을 강화한다.

_____

_____

_____

_____

기출 Vocabulary

challenge	n. 도전, 난제	face a challenge	도전에 직면하다
confront	v. 직면하다, 맞서다	confront adversity	역경에 맞서다
strengthen	v. 강화하다	strengthen resilience	회복력을 강화하다
ability	n. 능력, 재능	enhance ability	능력을 향상시키다
confident	a. 자신감 있는	become confident	자신감이 생기다
pursue	v. 추구하다, 쫓다	pursue ambitions	야망을 추구하다
embrace	v. 받아들이다	embrace opportunity	기회를 받아들이다
essential	a. 필수적인	essential component	필수 요소

Challenges are a part of life, and each one you face helps you grow stronger. The more you confront and overcome these challenges, the more confident you become in pursuing bigger dreams. Embracing these challenges is essential for personal growth and achievement.

도전은 삶의 일부이며, 여러분이 매번 마주하는 도전은 당신을 더 강하게 만듭니다. 이런 도전에 맞서 이겨낼수록 더 큰 꿈을 꿀 수 있는 자신 감이 생깁니다. 이러한 도전을 받아들이는 것은 개인의 성장과 성취에 없어서는 안 됩니다.

_____

_____

_____

_____

_____

_____

_____

_____

_____

11. DATE. 20 . . .

"Even in moments of adversity, your dreams illuminate the path forward."

역경의 순간에도 당신의 꿈은 앞으로 나아갈 길을 밝힌다.

_____

_____

_____

_____

기출 Vocabulary

adversity	n. 역경, 고난	face adversity	역경에 직면하다
illuminate	v. 밝히다	illuminate a solution	해결책을 밝히다
provide	v. 제공하다	provide assistance	도움을 제공하다
direction	n. 방향, 지침	provide direction	방향을 제공하다
remind	v. 상기시키다	remind of a goal	목표를 상기시키다
motivate	v. 동기를 부여하다	motivate action	행동에 동기를 부여하다
serve	v. 봉사하다, 역할을 하다	serve a purpose	목적을 수행하다
path	n. 길, 경로	choose a path	길을 선택하다

Adversity can make the journey difficult, but dreams provide light and direction. They remind us of why we started and motivate us to keep going, even when times are tough. Dreams serve as beacons, guiding us through dark moments and helping us find our path.

역경은 여정을 어렵게 만들 수 있지만, 꿈은 빛과 방향을 제공합니다. 꿈은 여러분이 왜 시작했는지를 상기시키며, 어려운 시기에도 계속 나아가게 합니다. 꿈은 어두운 순간에도 길을 밝혀주는 등대와 같은 역할을 합니다.

12. DATE. 20 . . .

"The journey to achieving your dreams is just as important as the destination."

꿈을 이루기 위한 여정은 목적지만큼이나 중요하다.

_____

_____

_____

_____

기출 Vocabulary

journey	n. 여정, 여행	embark on a journey	여정을 시작하다
destination	n. 목적지	reach a destination	목적지에 도달하다
solely	ad. 오로지, 단독으로	focus solely	오로지 집중하다
overlook	v. 간과하다	overlook details	세부사항을 간과하다
resilience	n. 회복력	develop resilience	회복력을 기르다
patience	n. 인내심, 끈기	practice patience	인내심을 기르다
enrich	v. 풍요롭게 하다	enrich experience	경험을 풍부하게 하다
success	n. 성공	achieve success	성공을 이루다

Focusing solely on the end goal can cause you to overlook the valuable lessons learned along the way. The journey itself teaches you resilience, patience, and growth. By valuing each step, you enrich your journey to success.

최종 목표에만 집중하면 그 과정에서 배우게 되는 소중한 교훈들을 간과할 수 있습니다. 여정 그 자체가 당신에게 회복력, 인내, 그리고 성장을 가르칩니다. 각 단계를 가치있게 여김으로써 성공으로 가는 길이 더욱 풍성해집니다.

_____

_____

_____

_____

_____

_____

_____

_____

_____

_____

13. DATE. 20 . . .

"True growth comes not from the absence of difficulties, but from facing them with courage."

진정한 성장은 어려움의 부재가 아닌, 그것을 용기 있게 마주하는 것에서 온다.

_____

_____

_____

_____

기출 Vocabulary

absence	n. 부재, 결핍	absence of fear	두려움의 부재
difficulty	n. 어려움	encounter difficulty	어려움에 직면하다
avoid	v. 피하다	avoid conflict	갈등을 피하다
tackle	v. 해결하다, 다루다	tackle a problem	문제를 해결하다
capable	a. 능력이 있는, 유능한	become capable	능력을 갖추다
courage	n. 용기	display courage	용기를 보이다
adversity	n. 역경, 고난	face adversity	역경에 직면하다
character	n. 성격, 인격	build character	인격을 형성하다

Growth is not about avoiding challenges, but about tackling them head-on. Every difficulty we face helps us grow stronger and more capable. Courage in the face of adversity builds character and brings us closer to our dreams.

성장은 도전을 피하는 것이 아니라, 정면으로 맞서는 것입니다. 우리가 마주하는 모든 어려움은 우리를 더 강하고 유능하게 만듭니다. 역경에 직면한 용기는 우리의 인성을 단련시키고 꿈에 더 가까이 다가가게 합니다.

---

14. DATE. 20 . . .

"A dream nurtured with consistency and belief will always find its way to flourish."

꾸준함과 믿음으로 키운 꿈은 언제나 꽃을 피우게 된다.

기출 Vocabulary

nurture	v. 양육하다, 키우다	nurture potential	잠재력을 키우다
consistency	n. 일관성	maintain consistency	일관성을 유지하다
belief	n. 신념, 믿음	strong belief	강한 신념
flourish	v. 번영하다	flourish in adversity	역경 속에서 번영하다
effort	n. 노력	dedicated effort	헌신적인 노력
demonstrate	v. 보여주다	demonstrate skill	능력을 보여주다
unwavering	a. 확고한	unwavering determination	확고한 결의
faith	n. 믿음, 신뢰	have faith	신뢰를 가지다

Dreams require constant effort and belief to grow strong. When you consistently nurture your dreams, you set the stage for them to flourish and become a reality. This process demonstrates that persistence and unwavering faith are essential to achieving your aspirations.

꿈은 강하게 성장하기 위해 꾸준한 노력과 믿음이 필요합니다. 꿈을 꾸준히 키워나갈 때, 여러분은 그것이 꽃을 피우고 현실이 될 수 있는 무대를 마련하는 것입니다. 이 과정은 목표를 달성하는 데 있어 끈기와 흔들리지 않는 믿음이 필수적임을 보여줍니다.

_____

_____

_____

_____

_____

_____

_____

_____

_____

_____

15. DATE. 20 . . .

"Even when dreams seem distant, persistence will bring them within reach."

꿈이 멀리 있는 것처럼 보여도, 끈기는 그것을 손이 닿는 곳으로 가져온다.

_____

_____

_____

_____

기출 Vocabulary

distant	a. 멀리 있는, 먼	distant goal	먼 목표
persistence	n. 끈기, 지속	persistence in effort	노력에서의 끈기
bridge	v. 연결하다, 메우다	bridge a gap	격차를 메우다
continuous	a. 지속적인	continuous improvement	지속적인 개선
determination	n. 결심, 결의	strong determination	강한 결의
achieve	v. 달성하다, 이루다	achieve a dream	꿈을 달성하다
reach	v. 도달하다, 이르다	reach a goal	목표에 도달하다
worthwhile	a. 가치 있는	worthwhile effort	가치 있는 노력

At times, dreams may feel out of reach, but persistence bridges the gap. Continuous effort and determination keep you moving forward until you achieve what once seemed impossible. Believing in your ability to reach your dreams makes the journey worthwhile.

때로는 꿈이 손에 닿지 않는 것처럼 느껴질 수 있지만, 끈기는 그 간극을 메워줍니다. 끊임없는 노력과 결심이 여러분을 계속 나아가게 하여, 한때 불가능해 보였던 것을 이룰 수 있게 합니다. 꿈을 이룰 수 있다는 믿음이 그 여정을 가치 있게 만듭니다.

"Your potential is limitless if you dare to dream and act on those dreams."
당신의 잠재력은 꿈을 꾸고 행동에 옮길 용기가 있다면 무한하다.

_____

_____

_____

_____

기출 Vocabulary

potential	n. 잠재력, 가능성	unlock potential	잠재력을 발휘하다
limitless	a. 무한한	limitless possibilities	무한한 가능성
dare	v. 감히 ~하다, 도전하다	dare to dream	꿈을 꾸다
hidden	a. 숨겨진	hidden treasure	숨겨진 보물
comfort	n. 안락함	leave a comfort zone	안전지대를 떠나다
zone	n. 영역, 구역	comfort zone	안전지대
realize	v. 깨닫다, 실현하다	realize potential	잠재력을 깨닫다
boundary	n. 경계, 한계	cross a boundary	경계를 넘다

Everyone has potential, but it remains hidden unless you dare to dream and take action. Dreams inspire you to step outside your comfort zone and test your true abilities. When courage and action come together, you realize that your potential has no boundaries.

모든 사람은 잠재력을 가지고 있지만, 꿈을 꾸고 행동할 용기가 없다면 그것은 숨겨진 채로 남아있습니다. 꿈은 편안함을 벗어나 진정한 능력을 시험하도록 영감을 줍니다. 용기와 행동이 합쳐질 때, 여러분은 잠재력이 한계가 없다는 것을 깨닫게 됩니다.

_____

_____

_____

_____

_____

_____

_____

_____

_____

17. DATE. 20 　 . 　 . 　 .

"Dreams shape your journey, and each step taken is a lesson worth learning."
꿈은 당신의 여정을 형성하며, 한 걸음 한 걸음이 배울 가치가 있다.

_____

_____

_____

_____

기출 Vocabulary

shape	v. 형성하다, 만들다	shape a future	미래를 형성하다
journey	n. 여정, 여행	meaningful journey	의미 있는 여정
lesson	n. 교훈, 배움	learn a lesson	교훈을 얻다
worth	a. 가치 있는, ~할 만한	worth the effort	노력할 가치가 있는
guide	v. 이끌다, 안내하다	guide a path	길을 이끌다
appreciate	v. 감사하다	appreciate the moment	순간을 감사히 여기다
evolve	v. 발전하다, 진화하다	evolve over time	시간이 지나며 발전하다
significant	a. 중요한, 의미 있는	significant impact	중요한 영향

Dreams guide you on your path and give purpose to your journey. Each step, whether big or small, teaches valuable lessons. By appreciating every lesson, you grow and evolve, making your dreams even more significant.

꿈은 여러분의 길을 인도하며 여정에 목적을 부여합니다. 크든 작든 모든 걸음은 귀중한 교훈을 가르쳐줍니다. 이러한 교훈을 소중히 여길 때, 여러분은 성장하고 발전하며, 꿈은 더 의미 있게 됩니다.

_____

_____

_____

_____

_____

_____

_____

_____

_____

_____

_____

18. DATE. 20 . . .

"The path to realizing your dreams is often steep, but every challenge refines your spirit."

꿈을 실현하는 길은 종종 가파르지만, 모든 도전은 당신의 정신을 다듬어준다.

기출 Vocabulary

path	n. 길, 경로	follow a path	길을 따르다
realize	v. 실현하다, 깨닫다	realize a dream	꿈을 실현하다
steep	a. 가파른, 힘든	steep climb	가파른 오르막길
refine	v. 다듬다, 개선하다	refine skills	기술을 다듬다
overcome	v. 극복하다	overcome a challenge	도전을 극복하나
resilient	a. 회복력 있는	resilient mindset	회복력 있는 사고방식
embrace	v. 받아들이다	embrace a difficulty	어려움을 받아들이다
potential	n. 잠재력, 가능성	unlock potential	잠재력을 발휘하다

Achieving your dreams can be difficult and full of challenges. However, each challenge you overcome makes you stronger and more resilient. Embracing these challenges is key to personal growth and realizing your true potential.

꿈을 이루는 것은 어렵고 도전으로 가득할 수 있습니다. 그러나 도전을 극복할 때마다 여러분은 더 강해지고, 회복할 수 있는 힘을 얻게 됩니다. 이러한 도전을 받아들이는 것이 개인적 성장과 진정한 잠재력 실현의 열쇠입니다.

19. DATE. 20 . . .

"Dreams are not abstract thoughts; they are the foundation upon which you build your future."

꿈은 추상적인 생각이 아니다. 그것은 당신이 미래를 세우는 토대이다.

_____

_____

_____

_____

기출 Vocabulary

abstract	a. 추상적인, 관념적인	abstract concept	추상적인 개념
thought	n. 생각, 사고	profound thought	심오한 생각
foundation	n. 기초, 토대	build a foundation	기초를 세우다
intangible	a. 무형의, 실체가 없는	intangible value	무형의 가치
achievement	n. 성취, 업적	future achievement	미래의 성취
drive	v. 추진하다, 나아가게 하다	drive progress	진보를 이끌다
success	n. 성공	achieve success	성공을 이루다
idea	n. 아이디어, 생각	innovative idea	혁신적인 아이디어

Dreams may seem intangible, but they are the foundation of future achievements. When you take steps toward them, they become real and drive you forward. Keep in mind that every great success was once just an idea or dream.

꿈은 형체가 없는 것처럼 보일 수 있지만, 그것은 미래 성취의 기초입니다. 꿈을 향해 한 걸음씩 갈 때, 꿈은 현실이 되고 여러분을 앞으로 나아가게 합니다. 모든 위대한 성공은 한때 단지 생각이나 꿈에 불과했다는 것을 기억하세요.

20. DATE. 20 . . .

"When adversity strikes, remember that your dreams are the fuel that keeps you moving."

역경이 닥칠 때, 꿈은 당신을 움직이게 하는 연료라는 것을 기억하라.

_____

_____

_____

_____

기출 Vocabulary

adversity	n. 역경, 고난	face adversity	역경에 직면하다
strike	v. 발생하다, 강타하다	strike unexpectedly	예기치 않게 발생하다
remember	v. 기억하다, 상기하다	remember a lesson	교훈을 기억하다
fuel	n. 연료, 동력	provide fuel	동력을 제공하다
inevitable	a. 불가피한	face the inevitable	불가피한 상황에 직면하다
during	prep. ~동안, ~중에	during a crisis	위기 동안
purpose	n. 목적, 의도	find purpose	목적을 찾다
overcome	v. 극복하다	overcome difficulties	어려움을 극복하다

44

Adversity is inevitable, but dreams provide you the motivation to keep pushing forward. They serve as the fuel that drives you, even during the toughest times. By holding onto your dreams, you find the strength and purpose to overcome any challenge.

역경은 불가피하지만, 꿈은 계속 나아가도록 동기를 부여합니다. 꿈은 가장 힘든 시기에도 여러분을 움직이게 하는 연료 역할을 합니다. 꿈을 간직함으로써, 여러분은 어떤 도전도 극복할 힘과 목적을 발견합니다.

21. DATE. 20 . . .

"True success comes from the persistent pursuit of dreams, even when the path is obscure."

진정한 성공은 길이 불분명할 때에도 꿈을 지속적으로 추구하는 데서 온다.

기출 Vocabulary

success	n. 성공	achieve success	성공을 이루다
persistent	a. 끈질긴, 지속적인	persistent effort	끈질긴 노력
pursuit	n. 추구, 쫓음	pursuit of dreams	꿈의 추구
obscure	a. 불명확한, 모호한	obscure path	모호한 길
achieve	v. 이루다, 성취하다	achieve greatness	위대함을 이루다
dedication	n. 헌신, 전념	dedication to a goal	목표에 대한 헌신
unclear	a. 불분명한, 확실하지 않은	unclear vision	불분명한 비전
uncertain	a. 불확실한	uncertain future	불확실한 미래

Success is not achieved overnight; it requires persistence and dedication. There will be moments when the way forward is unclear or difficult, but continuing to pursue your dreams is what sets successful people apart. Keep going, even when the future feels uncertain.

성공은 하룻밤에 이루어지지 않습니다. 끈기와 헌신이 필요합니다. 앞으로 나아가는 길이 불분명하거나 어려운 순간이 있을 테지만, 꿈을 계속 추구하는 것은 성공하는 사람들을 구별하는 요소입니다. 미래가 불확실하게 느껴질 때도 계속 나아가세요.

_____

_____

_____

_____

_____

_____

_____

_____

_____

_____

22. DATE. 20 . . .

"A single step toward your dream can ignite a series of achievements that surpass your imagination."

꿈을 향한 한 걸음은 당신의 상상을 초월하는 일련의 성취를 불러일으킬 수 있다.

_____

_____

_____

_____

기출 Vocabulary

single	a. 단 하나의, 유일한	single opportunity	단 하나의 기회
ignite	v. 점화하다, 불을 붙이다	ignite a passion	열정을 불붙이다
series	n. 연속, 연쇄	a series of events	일련의 사건들
achievement	n. 성취, 업적	remarkable achievement	놀라운 성취
surpass	v. 초월하다	surpass expectations	기대를 초월하다
imagination	n. 상상력	vivid imagination	생생한 상상력
initially	ad. 처음에, 초기에	initially planned	처음에 계획된
underestimate	v. 과소평가하다	underestimate potential	잠재력을 과소평가하다

The journey to achieving dreams begins with a single step. That step, no matter how small, can ignite a chain of events that leads to success beyond what you initially imagined. Don't underestimate the power of taking that first step toward your goals.

꿈을 이루기 위한 여정은 한 걸음에서 시작됩니다. 그 걸음은 아무리 작더라도 일련의 사건들을 일으켜, 원래 상상했던 것 이상의 성공으로 이어질 수 있습니다. 목표를 향해 내딛는 첫걸음의 힘을 과소평가하지 마세요.

23. DATE. 20 . . .

"Dreams are like seeds; they must be nurtured with time and patience to grow strong."

꿈은 씨앗과 같다. 강하게 자라기 위해서는 시간과 인내로 양육해야 한다.

_____

_____

_____

_____

기출 Vocabulary

seed	n. 씨앗	plant a seed	씨앗을 심다
nurture	v. 양육하다, 기르다	nurture potential	잠재력을 키우다
patience	n. 인내심, 끈기	cultivate patience	인내심을 기르다
grow	v. 성장하다, 자라다	grow stronger	더 강해지다
care	n. 주의, 돌봄	child care	아동 돌봄
develop	v. 발전하다, 성장하다	develop skills	기술을 발전시키다
life-changing	a. 인생을 바꾸는	life-changing decision	인생을 바꾸는 결정
rush	v. 서두르다	rush to finish	서둘러 끝내다

Dreams require care and attention, just as seeds need water and sunlight to grow. With time and patience, dreams can develop into something powerful and life-changing. Be patient, and don't rush the growth process.

꿈은 물과 햇빛이 필요한 씨앗처럼 돌봄과 주의가 필요합니다. 시간과 인내가 지나면, 꿈은 강력하고 삶을 변화시키는 것으로 발전할 수 있습니다. 인내심을 가지고 성장의 과정을 서두르지 마세요.

_____

_____

_____

_____

_____

_____

_____

_____

_____

_____

_____

24. DATE. 20 . . .

"When doubt clouds your vision, persist until the fog clears and your dream comes into focus."

의심이 시야를 흐릴 때에도 안개가 걷히고 꿈이 선명해질 때까지 계속 노력하라.

_____

_____

_____

_____

기출 Vocabulary

doubt	n. 의심	cast doubt	의구심을 던지다
vision	n. 비전, 전망	clear vision	명확한 비전
persist	v. 지속하다	persist through challenges	도전을 지속하다
focus	n. 집중, 초점	maintain focus	집중을 유지하다
persistence	n. 끈기, 지속성	persistence in effort	노력에서의 끈기
trust	v. 신뢰하다, 믿다	trust the process	과정을 신뢰하다
bring	v. 가져오다, 야기하다	bring clarity	명확성을 가져오다
clarity	n. 명확성, 투명성	gain clarity	명확성을 얻다

There will be times when doubt makes it difficult to see your dreams clearly. In those moments, persistence is what helps you push through until things become clear. Trust that staying the course will bring clarity and direction.

때때로 의심이 생겨 꿈이 명확히 보이지 않을 때가 있을 것입니다. 그런 순간에는 지속하는 것이 모든 것을 분명하게 만드는 데 도움이 됩니다. 그 길을 계속 걸어가는 것이 명확성과 방향을 가져다줄 것이라고 믿으세요.

_____

_____

_____

_____

_____

_____

_____

_____

_____

_____

25. DATE. 20 . . .

"Let your dreams guide you like a compass, aligning your path even through the storm."

당신의 꿈이 폭풍우를 헤치고 길을 찾는 나침반이 되어 당신을 안내하게 하라.

_____

_____

_____

_____

기출 Vocabulary

guide	v. 이끌다, 안내하다	guide decisions	결정을 이끌다
compass	n. 나침반	use a compass	나침반을 사용하다
align	v. 정렬하다, 조정하다	align goals	목표를 조정하다
path	n. 길, 경로	choose a path	길을 선택하다
storm	n. 폭풍, 역경	weather a storm	폭풍을 헤쳐 나가다
force	n. 힘, 동력	driving force	추진 동력
direction	n. 방향, 지침	clear direction	명확한 방향
action	n. 행동, 실행	decisive action	결단력 있는 행동

Dreams can serve as a guiding force, helping you stay on the right path even during difficult times. Just as a compass aligns direction, dreams align your actions with your goals. Trust that, even in challenging times, your dreams will guide you forward.

꿈은 어려운 시기에도 계속 올바른 길을 가도록 돕는 안내자 역할을 할 수 있습니다. 나침반이 방향을 맞추듯이, 꿈은 목표를 향해 행동을 정렬해 줍니다. 어려운 시기에도 꿈이 당신을 앞으로 이끌어줄 것이라고 믿으세요.

_____

_____

_____

_____

_____

_____

_____

_____

_____

_____

PART 2

용기

꿈을 위한 여정에는

용기가 필요합니다.

불확실한 미래를 향해

나아갈 용기를 모아 봅니다.

26. DATE. 20 . . .

"Courage is not the absence of fear but the ability to take a step forward despite it."

용기는 두려움이 없는 것이 아니라, 그럼에도 불구하고 한 걸음 나아가는 능력이다.

_____

_____

_____

_____

기출 Vocabulary

courage	n. 용기	show courage	용기를 보여주다
absence	n. 부재, 결핍	absence of fear	두려움의 부재
ability	n. 능력, 재능	demonstrate ability	능력을 발휘하다
despite	prep. ~에도 불구하고	despite difficulties	어려움에도 불구하고
challenge	n. 도전, 난제	face a challenge	도전에 직면하다
discomfort	n. 불편함	endure discomfort	불편함을 견디다
grow	v. 자라다, 성장하다	grow rapidly	급속히 성장하다
confront	v. 직면하다, 맞서다	confront fears	두려움에 맞서다

Courage isn't about never feeling fear; it's about taking action even when you're afraid. It means facing challenges head-on and choosing to move forward. Embrace the discomfort and realize that courage grows each time you confront your fears.

용기는 두려움을 전혀 느끼지 않는 것이 아니라, 두렵더라도 행동을 취하는 것을 의미합니다. 그것은 도전을 정면으로 마주하고 앞으로 나아가는 것을 선택하는 것입니다. 불편함을 받아들이고 두려움을 직면할 때마다 용기가 커진다는 것을 깨달으세요.

_____

_____

_____

_____

_____

_____

_____

_____

_____

_____

27. DATE. 20 . . .

"True courage is not in avoiding hardship but in facing it with a steady heart."

진정한 용기는 어려움을 피하는 것이 아니라, 굳건한 마음으로 마주하는 것이다.

_____

_____

_____

_____

기출 Vocabulary

avoid	v. 피하다, 회피하다	avoid hardship	고난을 피하다
hardship	n. 고난, 역경	endure hardship	고난을 견디다
face	v. 직면하다, 맞서다	face adversity	역경에 맞서다
steady	a. 안정된, 확고한	steady progress	안정된 진전
heart	n. 마음, 심장	strong heart	강한 마음
mean	v. 의미하다	mean something	무엇인가를 의미하다
protect	v. 보호하다	protect the environment	환경을 보호하다
toughest	a. 가장 힘든	toughest challenge	가장 힘든 도전

Many people believe that being brave means protecting oneself from difficulties. However, real courage is shown when you face difficulties head-on. A steady heart helps you push through even the toughest moments.

많은 사람들은 용감하다는 것이 어려움으로부터 자신을 보호하는 것을 의미한다고 믿습니다. 하지만 진정한 용기는 어려움을 정면으로 마주할 때 드러납니다. 굳건한 마음은 가장 어려운 순간도 헤쳐 나갈 수 있도록 해줍니다.

_____

_____

_____

_____

_____

_____

_____

_____

_____

28. DATE. 20 . . .

"In every struggle, there is a spark of courage waiting to be ignited."
모든 투쟁 속에는 점화되기를 기다리는 용기의 불씨가 있다.

기출 Vocabulary

struggle	n. 투쟁	overcome a struggle	투쟁을 극복하다
spark	n. 불꽃, 작은 불씨	ignite a spark	불씨를 점화하다
choose	v. 선택하다, 고르다	choose courage	용기를 선택하다
ignite	v. 점화하다, 불을 붙이다	ignite courage	용기를 불붙이다
hardship	n. 고난, 역경	face hardship	역경에 맞서다
fuel	n. 연료, 동력	provide fuel	동력을 제공하다
drive	v. 추진하다, 몰아가다	drive motivation	동기를 추진하다
forward	ad. 앞으로	move forward	앞으로 나아가다

Courage is often found in times of struggle and hardship. It may feel small at first, but it is there, waiting to grow. When you choose to ignite that spark, it becomes the fuel that drives you forward.

용기는 종종 투쟁과 고난의 시기에 발견됩니다. 처음에는 작게 느껴질 수 있어도, 용기는 존재하며, 성장하기를 기다리고 있습니다. 용기의 불씨를 점화하기로 선택하는 순간, 그것은 여러분을 앞으로 나아가게 하는 연료가 됩니다.

29. DATE. 20 . . .

"Courage whispers in the quiet moments, asking you to take the next step despite the uncertainty."

용기는 조용한 순간에 속삭이며, 불확실함을 무릅쓰고 다음 단계로 나아가게 한다.

_____

_____

_____

_____

기출 Vocabulary

whisper	v. 속삭이다	whisper softly	부드럽게 속삭이다
quiet	a. 조용한, 고요한	quiet moment	고요한 순간
ask	v. 요청하다	ask repeatedly	반복해서 요청하다
declaration	n. 선언, 발표	make a declaration	선언하다
nudge	v. 살짝 밀다, 유도하다	nudge forward	앞으로 유도하다
hesitate	v. 망설이다	hesitate to act	행동하기를 망설이다
trust	v. 신뢰하다, 믿다	trust the process	과정을 믿다
bravery	n. 용감함, 용기	display bravery	용기를 발휘하다

Courage doesn't always come with loud declarations; sometimes, it's the quiet voice that nudges you forward. Uncertainty can make you hesitate, but courage is what pushes you to take that step anyway. Trust that each small action builds greater bravery over time.

용기는 항상 떠들썩하게 찾아오는 것은 아닙니다. 때때로 용기는 당신을 앞으로 밀어주는 나지막한 목소리입니다. 불확실함은 여러분을 망설이게 할 수도 있지만, 용기는 그럼에도 불구하고 여러분을 나아가게 합니다. 작은 행동 하나하나가 시간이 가며 쌓여서 더 큰 용기가 된다는 걸 믿으세요.

"True courage grows not from the absence of fear, but from facing it head-on and learning to rise with every fall."

진정한 용기는 두려움의 부재에서가 아니라, 그것을 정면으로 마주하고 넘어질 때마다 일어나는 법을 배우는 것에서 자라난다.

기출 Vocabulary

courage	n. 용기	build courage	용기를 기르다
absence	n. 부재, 결핍	absence of fear	두려움의 부재
head-on	ad. 정면으로	face head-on	정면으로 맞서다
rise	v. 일어나다, 상승하다	rise above	~을 극복하다
fall	v. 넘어지다, 추락하다	fall into despair	절망에 빠지다
inner	a. 내면의, 안의	inner strength	내면의 힘
last	v. 지속되다	last a lifetime	평생 지속되다
lifetime	n. 평생, 생애	lifetime achievement	평생의 업적

Being courageous means accepting that fear is natural and choosing to confront it. Each time you fall and rise again, your courage grows deeper. The lessons learned from these moments build inner strength that lasts a lifetime.

용기 있다는 것은 두려움이 자연스러운 것임을 받아들이고 그것을 마주하기를 선택하는 것을 의미합니다. 넘어지고 다시 일어날 때마다 용기는 더 깊어집니다. 이러한 순간들로부터 배운 교훈은 평생 지속되는 내적 강인함을 키웁니다.

---

31. DATE. 20 . . .

"The foundation of courage lies in small acts of bravery that build up over time."

용기의 기초는 시간이 지나며 쌓이는 용기 있는 작은 행동들에 있다.

_____

_____

_____

_____

기출 Vocabulary

foundation	n. 기초, 토대	lay a foundation	기초를 다지다
bravery	n. 용감함, 용기	acts of bravery	용감한 행동
overnight	ad. 하룻밤 동안	change overnight	하룻밤 사이에 변하다
consistent	a. 일관된, 지속적인	consistent effort	지속적인 노력
contribute	v. 기여하다	contribute to success	성공에 기여하다
solid	a. 견고한, 단단한	solid foundation	견고한 토대
evolve	v. 발전하다, 진화하다	evolve over time	시간이 지나며 발전하다
unwavering	a. 흔들리지 않는	unwavering confidence	흔들리지 않는 자신감

Courage doesn't grow overnight; it is the result of consistent actions and choices. Each small, brave step contributes to building a solid foundation. Over time, these actions evolve into unwavering confidence.

용기는 하룻밤 사이에 자라나지 않습니다. 그것은 일관된 행동과 결정의 결과입니다. 작은 용기 있는 발걸음 하나하나가 강한 기초를 쌓는 데 기여합니다. 시간이 지나면서 이러한 행동은 흔들리지 않는 자신감으로 변합니다.

_____

_____

_____

_____

_____

_____

_____

_____

_____

_____

32. DATE. 20 　　·　　·　　·

"Courage is forged in moments when you choose not to give in to doubt, but to persist."

용기는 의심에 굴복하지 않기로 선택하고 끝까지 밀어붙이는 순간에 단련된다.

_____

_____

_____

_____

기출 Vocabulary

forge	v. 만들어내다, 단련하다	forge a path	길을 개척하다
moment	n. 순간, 시점	critical moment	중요한 순간
give in	v. 굴복하다	give in to pressure	압력에 굴복하다
doubt	n. 의심, 의구심	cast doubt	의구심을 던지다
persist	v. 지속하다	persist through challenges	도전을 지속하다
overwhelm	v. 압도하다	overwhelm with emotions	감정으로 압도하다
resolve	n. 결심, 결의	strengthen resolve	결의를 강화하다
temper	v. 단련하다, 강화하다	temper steel	강철을 단련하다

Courage often develops in challenging times when doubt tries to overwhelm you. Choosing to persist despite that doubt strengthens your resolve. This persistence becomes the forge where courage is forged and tempered.

용기는 종종 의심이 당신을 압도하려 하는 힘든 시기에 형성됩니다. 그런 의심에도 불구하고 끝까지 밀어붙이기로 선택하는 것은 우리의 결심을 더욱 강하게 합니다. 이러한 끈기는 용기가 만들어지고 단련되는 용광로가 됩니다.

---

33. DATE. 20 . . .

"The essence of courage is not in never feeling afraid, but in overcoming fear step by step."

용기의 본질은 두려움을 전혀 느끼지 않는 데 있는 것이 아니라, 그것을 한 걸음씩 극복하는 데 있다.

_____

_____

_____

_____

기출 Vocabulary

essence	n. 본질, 핵심	capture the essence	본질을 포착하다
afraid	a. 두려워하는	afraid of failure	실패를 두려워하는
overcome	v. 극복하다	overcome obstacles	장애물을 극복하다
set apart	v. 분리하다	sets this product apart	이 상품을 다르게 분리하다
courageous	a. 용기 있는	courageous decision	용기 있는 결정
push through	v. 밀고 나아가다	push through challenges	도전을 밀고 나아가다
steady	a. 안정된, 꾸준한	steady progress	꾸준한 진전
confidence	n. 자신감	gain confidence	자신감을 얻다

Everyone experiences fear at some point, but what sets courageous people apart is their ability to push through it. Overcoming fear doesn't happen all at once; it happens through small, steady steps. Each step builds more confidence and a stronger sense of courage.

모든 사람은 어느 순간 두려움을 경험하지만, 용기 있는 사람들을 구별하는 것은 그것을 헤치고 나갈 수 있는 능력입니다. 두려움을 극복하는 것은 한 번에 일어나는 일이 아니라, 작고 꾸준한 발걸음을 통해 이루어집니다. 매 발걸음은 더 많은 자신감과 강한 용기를 키워줍니다.

_____

_____

_____

_____

_____

_____

_____

_____

_____

_____

"In the face of adversity, courage is the flame that keeps hope burning."
역경을 마주할 때, 용기는 희망을 계속 타오르게 하는 불꽃이다.

_____

_____

_____

_____

기출 Vocabulary

adversity	n. 역경, 고난	face adversity	역경에 직면하다
flame	n. 불꽃, 화염	ignite a flame	불꽃을 점화하다
burn	v. 타다	burn brightly	밝게 타오르다
will	n. 의지, 결심, 유언	strong will	강한 의지
determination	n. 결심, 결의	firm determination	굳은 결심
maintain	v. 유지하다	maintain balance	균형을 유지하다
overcome	v. 극복하다	overcome challenges	도전을 극복하다
situation	n. 상황, 처지	handle a situation	상황을 처리하다

Adversity tests our will and determination, but courage is what keeps us moving forward. It acts as a light guiding us through the darkness of challenges. When we maintain hope and courage, we can overcome even the toughest situations.

역경은 우리의 의지와 결심을 시험하지만, 용기는 우리를 앞으로 나아가게 합니다. 그것은 도전의 어둠 속에서 우리를 안내하는 빛처럼 작용합니다. 희망과 용기를 유지하면 가장 힘든 상황도 극복할 수 있습니다.

---

35. DATE. 20 . . .

"The depth of your courage is revealed not in moments of triumph, but in the quiet resilience that follows a setback."

당신의 용기의 깊이는 승리의 순간이 아닌, 좌절 후에 따르는 조용한 회복력에서 드러난다.

기출 Vocabulary

depth	n. 깊이, 심도	explore the depth	깊이를 탐구하다
reveal	v. 드러내다, 밝히다	reveal a secret	비밀을 밝히다
triumph	n. 승리, 대성공	celebrate triumph	승리를 축하하다
resilience	n. 회복력, 탄력성	build resilience	회복력을 기르다
setback	n. 좌절, 차질	overcome a setback	좌절을 극복하다
arise	v. 발생하다	arise naturally	자연스럽게 생기다
reflect	v. 반영하다, 나타내다	reflect character	성격을 반영하다
couple	v. 결합하다, 연결하다	couple with determination	결의와 결합하다

Courage is often tested when things don't go as planned and setbacks arise. How you respond in those moments reflects the true strength of your character. Resilience, coupled with courage, allows you to rise again and keep moving forward.

용기는 일이 계획대로 되지 않을 때와 좌절을 겪을 때 자주 시험에 듭니다. 그 순간에 어떻게 반응하느냐가 여러분 성품의 진정한 강인함을 보여줍니다. 회복력은 용기와 함께 여러분이 다시 일어나 앞으로 나아가게 해줍니다.

---

36. DATE. 20 . . .

"Courage isn't the roar of a lion; it's the quiet resolve to keep going even when no one is watching."

용기는 사자의 포효가 아니라, 아무도 보지 않을 때도 계속 나아가려는 조용한 결심이다.

_____

_____

_____

_____

기출 Vocabulary

roar	n. 포효, 큰 소리	lion's roar	사자의 포효
resolve	n. 결심, 결의	firm resolve	확고한 결의
bold	a. 대담한, 용감한	bold decision	대담한 결정
silent	a. 조용한, 침묵하는	silent moment	고요한 순간
steady	a. 꾸준한, 안정된	steady effort	꾸준한 노력
strive	v. 노력하다, 애쓰다	strive for success	성공을 위해 노력하다
audience	n. 청중, 관객	engage an audience	청중을 사로잡다
recognition	n. 인정, 표창	seek recognition	인정을 추구하다

Many believe courage is loud and bold, but sometimes it's silent and steady. It's about continuing to strive even when there's no audience or recognition. True courage is found in the decisions you make when only you know about them.

많은 사람들은 용기가 크고 대담한 것이라고 믿지만, 때때로 용기는 조용하고 꾸준한 것입니다. 이는 아무도 보고 있지 않거나 인정을 받지 못해도 계속 노력하는 것입니다. 진정한 용기는 오직 자신만 알고 있는 결정을 내릴 때 발견됩니다.

37. DATE. 20 . . .

"A moment of hesitation can deprive you of a lifetime of opportunities; courage breaks the chains."

망설임의 순간은 당신에게서 평생의 기회를 빼앗을 수 있다. 용기는 그 사슬을 끊는다.

_____

_____

_____

_____

기출 Vocabulary

hesitation	n. 망설임, 주저	moment of hesitation	망설이는 순간
deprive	v. 빼앗다, 박탈하다	deprive of freedom	자유를 빼앗다
opportunity	n. 기회	seize an opportunity	기회를 잡다
enable	v. 가능하게 하다	enable success	성공을 가능하게 하다
doubt	n. 의심, 의구심	eliminate doubt	의심을 제거하다
bind	v. 묶다, 얽매다	bind with fear	두려움에 얽매다
embrace	v. 받아들이다	embrace courage	용기를 받아들이다
seize	v. 붙잡다, 움켜잡다	seize the moment	순간을 붙잡다

Hesitation often holds us back from taking important steps. Courage is what enables us to break free from the doubts and fears that bind us. By embracing courage, we can seize opportunities that may have otherwise been lost.

망설임은 종종 중요한 걸음을 내딛지 못하게 합니다. 용기는 우리를 얽매는 의심과 두려움에서 벗어날 수 있도록 합니다. 용기를 받아들이면, 자칫 잃을 수도 있는 기회를 붙잡을 수 있습니다.

_____

_____

_____

_____

_____

_____

_____

_____

_____

_____

_____

38. DATE. 20   .   .   .

"When you embrace courage, you invite the unknown; but it is in the unknown that true growth resides."

용기를 받아들이면 미지의 세계를 초대하게 되지만, 진정한 성장은 바로 그 미지의 영역 안에 존재한다.

기출 Vocabulary

embrace	v. 받아들이다	embrace change	변화를 받아들이다
invite	v. 초대하다, 유발하다	invite opportunity	기회를 유발하다
unknown	n. 미지의 것	explore the unknown	미지의 것을 탐험하다
reside	v. 거주하다, 존재하다	reside in potential	잠재력에 존재하다
intimidate	v. 겁주다, 위협하다	intimidate opponents	상대를 위협하다
essential	a. 필수적인, 중요한	essential skill	필수 기술
explore	v. 탐험하다, 조사하다	explore new paths	새로운 길을 탐험하다
uncover	v. 발견하다, 밝히다	uncover potential	잠재력을 발견하다

82

Stepping into the unknown can be intimidating, but it is essential for personal growth. Courage enables you to explore new paths and embrace change. Only by taking that step can you uncover your true potential.

미지의 세계로 발을 내딛는 것은 두렵게 느껴질 수 있지만, 개인의 성장에 필수적입니다. 용기는 새로운 길을 탐험하고 변화를 수용하도록 도와줍니다. 그 한 걸음을 내딛어야만 진정한 잠재력을 발견할 수 있습니다.

_____

_____

_____

_____

_____

_____

_____

_____

_____

_____

_____

"Courage is not the absence of fear, but the ability to confront it head-on."
용기는 두려움의 부재가 아니라, 그것을 정면으로 마주할 수 있는 능력
이다.

_____

_____

_____

_____

기출 Vocabulary

absence	n. 부재, 결핍	absence of fear	두려움의 부재
ability	n. 능력, 재능	demonstrate ability	능력을 발휘하다
confront	v. 직면하다, 맞서다	confront a fear	두려움에 맞서다
head-on	ad. 정면으로	tackle problems head-on	문제를 정면으로 다루다
acknowledge	v. 인정하다	acknowledge reality	현실을 인정하다
despite	prep. ~에도 불구하고	despite challenges	도전에도 불구하고
quality	n. 특성, 자질	admirable quality	칭찬할 만한 자질
powerful	a. 강력한	powerful impact	강력한 영향

Courage doesn't mean you aren't afraid; it means facing your fears despite feeling scared. True strength is shown when you acknowledge your fear and choose to act anyway. This quality is what makes courage so powerful.

용기는 두렵지 않다는 것을 의미하지 않습니다. 두려워하면서도 그것에 맞서 싸우는 것을 의미합니다. 진정한 힘은 두려움을 인정하면서도 여전히 행동하기로 할 때 나타납니다. 이 특성이 용기를 매우 강력한 것으로 만듭니다.

_____

_____

_____

_____

_____

_____

_____

_____

_____

"The greatest leap of courage is not in reaching the top, but in daring to take the first step."

용기에 있어서 가장 큰 도약은 정상에 도달하는 것이 아니라 첫걸음을 내딛는 데 있다.

기출 Vocabulary

leap	n. 도약, 뛰어오름	take a leap	도약하다
dare	v. 감히 ~하다, 도전하다	dare to dream	꿈꾸는 데 도전하다
pursue	v. 추구하다, 쫓다	pursue a goal	목표를 추구하다
initial	a. 초기의, 처음의	initial step	첫 단계
unknown	n. 미지의 것	embrace the unknown	미지의 것을 받아들이다
belief	n. 믿음, 신념	unwavering belief	흔들리지 않는 믿음
progress	n. 진전, 발전	make progress	진전을 이루다
significant	a. 중요한, 중대한	significant achievement	중요한 성취

The hardest part of pursuing any dream or goal is getting started. Courage is taking the initial step into the unknown, with the belief that progress will follow. Every significant achievement begins with that leap.

어떤 꿈이나 목표를 추구하는 데 있어 가장 어려운 부분은 시작하는 것입니다. 용기는 진전이 뒤따를 것이라는 믿음으로 미지의 첫걸음을 내딛는 것입니다. 모든 중요한 성취는 그 도약에서 시작됩니다.

41. DATE. 20 . . .

"Courage shines brightest in moments of adversity, when hope seems distant."

용기는 희망이 멀어 보이는 역경의 순간에 가장 빛난다.

_____

_____

_____

_____

기출 Vocabulary

shine	v. 빛나다, 반짝이다	shine brightly	밝게 빛나다
brightest	a. 가장 빛나는	brightest moment	가장 빛나는 순간
adversity	n. 역경, 고난	overcome adversity	역경을 극복하다
distant	a. 멀리 있는, 희미한	distant hope	희미한 희망
reveal	v. 드러내다, 밝히다	reveal strength	강점을 드러내다
guiding	a. 안내하는, 이끄는	guiding principle	지도 원칙
lead	v. 이끌다, 안내하다	lead a team	팀을 이끌다
darkness	n. 어둠, 암흑	through the darkness	어둠을 뚫고

Adversity is where true courage is tested and revealed. In the toughest times, being brave means holding on to hope and pushing forward. This is when courage becomes a guiding light, leading you through the darkness.

역경은 진정한 용기가 평가받고 드러나는 곳입니다. 가장 힘든 시기에 용기는 희망을 붙들고 앞으로 나아가는 것을 의미합니다. 이때 용기는 어둠 속에서 길을 안내하는 빛이 됩니다.

_____

_____

_____

_____

_____

_____

_____

_____

_____

_____

_____

42. DATE. 20 . . .

"It takes integrity to stay true to yourself, and it takes courage to share that truth with the world."

있는 그대로의 자신으로 사는데는 진실성이 필요하고, 그 진실을 세상과 나누는 데는 용기가 필요하다.

_____

_____

_____

_____

기출 Vocabulary

integrity	n. 진실성	demonstrate integrity	진실성을 보여주다
true	a. 진실한, 참된	stay true	진실함을 유지하다
courage	n. 용기	summon courage	용기를 불러내다
share	v. 공유하다, 나누다	share truth	진실을 공유하다
value	n. 가치, 중요성	uphold values	가치를 지키다
express	v. 표현하다, 나타내다	express emotions	감정을 표현하다
judgment	n. 판단, 평가	fear of judgment	평가에 대한 두려움
authentic	a. 진정한, 진짜의	authentic self	진정한 자신

Integrity means being honest with yourself and your values. Courage is what allows you to express your true self to others without fear of judgment. Sharing your authentic self is one of the most courageous acts you can take.

진실성은 자신과 자신의 가치에 솔직한 것을 의미합니다. 용기는 판단을 두려워하지 않고 진정한 자신을 다른 사람들에게 표현할 수 있도록 해줍니다. 진정한 자신의 모습을 공유하는 것은 가장 용기 있는 행동 중 하나입니다.

43. DATE. 20 . . .

"Courage is rooted in knowing who you are and in standing firm even when the winds of doubt blow."

용기는 자신이 누구인지 알고, 의심의 바람이 불 때에도 굳건히 서 있는 것에서 비롯된다.

_____

_____

_____

_____

기출 Vocabulary

rooted	a. 뿌리 깊은, 근본적인	rooted in values	가치에 뿌리를 둔
stand	v. 서다, 버티다	stand firm	굳건히 서다
firm	a. 단단한, 흔들리지 않는	firm resolve	흔들리지 않는 결의
blow	v. 불다, 날리다	blow away doubt	의심을 날려버리다
awareness	n. 인식, 자각	raise awareness	인식을 높이다
identity	n. 정체성, 신원	protect identity	정체성을 보호하다
external	a. 외부의, 외적인	external pressure	외부 압력
bravery	n. 용감함	show bravery	용기를 보이다

Being courageous often begins with self-awareness and a strong sense of identity. When you know who you are, external doubts and challenges cannot easily shake you. True bravery means standing firm in your beliefs, even when faced with uncertainty.

용기는 흔히 자기 인식과 강한 정체성에서 시작됩니다. 자신이 누구인지 알 때는 외부의 의심과 도전이 쉽게 당신을 흔들지 못합니다. 진정한 용기는 불확실함에 직면했을 때에도 자신의 신념을 굳게 지키는 것을 의미합니다.

_____

_____

_____

_____

_____

_____

_____

_____

_____

_____

44. DATE. 20 . . .

"Courage is forged in the fires of failure and strengthened by every trial we endure."

용기는 실패의 불속에서 단련되고, 우리가 견디는 모든 시련으로 인해 강화된다.

_____

_____

_____

_____

기출 Vocabulary

forge	v. 만들어내다, 단련하다	forge a path	길을 만들어내다
strengthen	v. 강화하다	strengthen resolve	결의를 강화하다
trial	n. 시련, 시험	endure a trial	시련을 견디다
endure	v. 견디다, 인내하다	endure hardship	고난을 견디다
especially	ad. 특히, 특별히	especially useful	특히 유용한
setback	n. 좌절, 차질	unexpected setback	예상치 못한 좌절
resilience	n. 회복력	demonstrate resilience	회복력을 발휘하다
lie	v. (~에) 위치하다	lie at the heart	핵심에 있다

Courage is built through experiences, especially those in which we don't succeed at first. Every challenge or setback helps strengthen our resilience. True strength lies in facing trials head-on and learning from them.

용기는 경험을 통해, 특히 처음에는 성공하지 못하는 경험을 통해 쌓입니다. 모든 도전과 좌절은 우리의 회복력을 강화하는 데 도움을 줍니다. 진정한 강함은 시련에 정면으로 맞서고 그것으로부터 배우는 데 있습니다.

---

45. DATE. 20 . . .

"To embrace uncertainty is to invite growth; to face fear is the path to true freedom."

불확실성을 받아들이는 것은 성장을 부르는 것이며, 두려움에 맞서는 것이 진정한 자유로 가는 길이다.

_____

_____

_____

_____

기출 Vocabulary

embrace	v. 받아들이다	embrace uncertainty	불확실성을 받아들이다
uncertainty	n. 불확실성	navigate uncertainty	불확실성을 헤쳐 나가다
invite	v. 초대하다, 유발하다	invite growth	성장을 유발하다
growth	n. 성장, 발달	foster growth	성장을 촉진하다
fear	n. 두려움, 공포	confront fear	두려움에 맞서다
freedom	n. 자유	achieve freedom	자유를 이루다
comfort zone	n. 안전지대	comfort zone	안전지대
willingness	n. 기꺼이 하려는 마음	show willingness	기꺼이 하려는 태도를 보이다

When you face the unknown with courage, you give yourself the opportunity to grow beyond your comfort zone. Each time you confront fear, you move closer to true freedom. This willingness to embrace challenges is what sets the courageous apart.

용기를 가지고 미지의 세계에 맞설 때, 당신은 편안한 영역 밖까지 스스로를 성장시킬 기회를 가지게 됩니다. 두려움에 맞설 때마다, 진정한 자유에 한 걸음 더 다가갑니다. 도전을 받아들이려는 이러한 의지는 용기 있는 사람들을 돋보이게 만듭니다.

"Courage whispers, 'Take the step,' when the path is obscured by the shadows of doubt."

용기는 의심의 그림자에 길이 가려졌을 때 '한 걸음 내디뎌라'하고 속삭인다.

_____

_____

_____

_____

기출 Vocabulary

whisper	v. 속삭이다	whisper softly	부드럽게 속삭이다
obscure	v. 흐리게 하다	obscure the path	길을 흐리게 하다
shadow	n. 그림자, 어둠	cast a shadow	그림자를 드리우다
doubt	n. 의심, 의구심	erase doubt	의심을 지우다
subtle	a. 미묘한, 섬세한	subtle difference	미묘한 차이
encourage	v. 격려하다	encourage action	행동을 격려하다
vision	n. 시야, 비전	blurry vision	흐릿한 시야
trust	v. 신뢰하다, 믿다	trust the process	과정을 믿다

Courage often comes in subtle forms, like the quiet voice inside, encouraging us to move forward. When doubt clouds our vision, it's that inner push that helps us move ahead. It's about trusting that the way will become clear as we go.

용기는 우리를 앞으로 나아가게 하는 조용한 내면의 목소리처럼 종종 미묘한 형태로 다가옵니다. 의심이 우리의 시야를 흐릴 때, 우리를 앞으로 나아가게 돕는 것이 바로 그 내면의 추진력입니다. 길이 갈수록 점점 분명해질 것이라는 신뢰가 필요합니다.

47. DATE. 20 　　•　　•　　•

"The boldest dreams require the resilience to face the storms they bring."
가장 대담한 꿈은 그로 인해 찾아오는 폭풍에 맞설 회복력이 필요하다.

기출 Vocabulary

boldest	a. 가장 대담한, 용감한	boldest vision	가장 대담한 비전
require	v. 요구하다, 필요로 하다	require effort	노력을 필요로 하다
resilience	n. 회복력	resilience under pressure	압박 속의 회복력
face	v. 직면하다, 맞서다	face adversity	역경에 맞서다
significant	a. 중요한, 상당한	a significant impact	중요한 영향
obstacle	n. 장애물	surmount an obstacle	장애물을 극복하다
strengthen	v. 강화하다	strengthen character	인격을 강화하다
resolve	n. 결심, 결의	unwavering resolve	흔들리지 않는 결의

Pursuing significant dreams means facing challenges along the way. The true test of courage lies in being able to push forward despite the obstacles. Every storm you face only strengthens your resolve and resilience.

큰 꿈을 추구하는 것은 도중에 도전과 마주하게 됨을 의미합니다. 용기의 진정한 시험은 장애물이 있어도 앞으로 나아가는 데 있습니다. 맞닥뜨리는 모든 폭풍은 여러분의 결심과 회복력을 강화할 뿐입니다.

_____

_____

_____

_____

_____

_____

_____

_____

_____

_____

_____

48. DATE. 20 . . .

"Courage doesn't just face the unknown; it turns it into an adventure worth living."

용기는 단지 미지의 것에 맞서는 것이 아니라, 그것을 살아볼 만한 모험으로 바꾸는 것이다.

_____

_____

_____

_____

기출 Vocabulary

turn	v. 바꾸다	turn challenges into opportunities	도전을 기회로 바꾸다
adventure	n. 모험	embark on an adventure	모험을 시작하다
worth	a. 가치 있는	worth the effort	노력할 가치가 있는
transform	v. 변형시키다	transform uncertainty	불확실성을 변형시키다
uncertainty	n. 불확실성	navigate uncertainty	불확실성을 헤쳐 나가다
opportunity	n. 기회	seize an opportunity	기회를 잡다
bravely	ad. 용감하게	act bravely	용감하게 행동하다
unique	a. 독특한	unique opportunity	독특한 기회

True courage is more than just confronting fears—it's about transforming uncertainty into an exciting journey. Life becomes more meaningful when you embrace the unknown as an opportunity. Every step taken bravely becomes part of your unique adventure.

진정한 용기는 단순히 두려움에 맞서는 것이 아니라, 불확실함을 흥미진진한 여정으로 바꾸는 것입니다. 미지를 기회로 받아들일 때 삶은 더욱 의미 있어집니다. 용기 있게 내디딘 모든 발걸음이 당신만의 특별한 모험의 일부가 됩니다.

---

49. DATE. 20 .   .   .

"Courage means to stand tall in the face of defeat and to rise again with the first light."

용기란 패배 앞에서도 당당히 서는 것이며, 첫 빛과 함께 다시 일어서는 것이다.

_____

_____

_____

_____

기출 Vocabulary

courage	n. 용기	show courage	용기를 보여주다
stand	v. 서다, 맞서다	stand tall	당당히 서다
defeat	n. 패배, 좌절	accept defeat	패배를 받아들이다
rise	v. 일어서다, 상승하다	rise above	~을 극복하다
fail	v. 실패하다	fail to meet expectations	기대에 미치지 못하다
shine	v. 빛나다, 두드러지다	shine brightly	밝게 빛나다
determination	n. 결심, 결의	firm determination	확고한 결의
keep	v. 계속하다	keep moving forward	계속 나아가다

Courage is not about never failing, but about standing strong even when you do. True bravery shines when you rise after defeat. It's about the determination to keep going, no matter what.

용기는 결코 실패하지 않는 것이 아니라, 실패하더라도 굳건히 서는 것입니다. 진정한 용기는 패배 후 다시 일어날 때 빛납니다. 어떤 일이 있든 계속 나아가려는 결심을 의미합니다.

_____

_____

_____

_____

_____

_____

_____

_____

_____

_____

_____

_____

"To have courage is to venture beyond the boundaries of the ordinary and discover your true potential."

용기란 평범함의 경계를 넘어서서 당신의 진정한 잠재력을 발견하는 것이다.

기출 Vocabulary

venture	v. 모험하다	venture into the unknown	미지의 세계로 모험하다
boundary	n. 경계, 한계	cross a boundary	경계를 넘다
ordinary	a. 평범한, 일반적인	escape the ordinary	평범함을 벗어나다
discover	v. 발견하다, 알아내다	discover potential	잠재력을 발견하다
limit	n. 한계, 제한	push the limits	한계를 뛰어넘다
familiarity	n. 익숙함, 친숙함	lose familiarity	익숙함을 잃다
capable	a. 능력이 있는, 할 수 있는	become capable	능력을 갖추다
growth	n. 성장, 발달	foster growth	성장을 촉진하다

Courage is what pushes you to step beyond the limits of comfort and familiarity. When you challenge yourself beyond the ordinary, you discover what you're truly capable of. This journey of discovery is where real growth happens.

용기는 당신이 편안함과 익숙함의 한계를 넘어설 수 있도록 등을 떠밀어줍니다. 평범함을 넘어 도전할 때, 당신이 진정으로 할 수 있는 것을 발견하게 됩니다. 이러한 발견의 여정이 진정한 성장이 이루어지는 곳입니다.

PART 3.

도전

꿈을 향한 여정은

도전의 연속입니다.

도전의 의미를 생각하고,

꿈을 향해 나아갑시다.

51. DATE. 20 . . .

"Every challenge is a chance to evolve beyond what you thought was possible."

모든 도전은 당신이 가능하다고 생각했던 것을 넘어설 수 있는 기회이다.

_____

_____

_____

_____

기출 Vocabulary

challenge	n. 도전, 난제	overcome a challenge	도전을 극복하다
chance	n. 기회, 가능성	seize a chance	기회를 잡다
evolve	v. 발전하다	evolve over time	시간이 지나며 발전하다
adapt	v. 적응하다, 맞추다	adapt to change	변화에 적응하다
anticipate	v. 예상하다	anticipate outcomes	결과를 예상하다
force	v. 강요하다	force a decision	결정을 강요하다
comfort zone	n. 안전지대	step out of comfort zone	안전지대에서 벗어나다
redefine	v. 재정의하다	redefine success	성공을 재정의하다

Facing challenges pushes you to grow and adapt in ways you never anticipated. They test your limits and force you to evolve beyond your comfort zone. Embracing challenges helps you redefine what you believe is achievable.

도전에 맞서는 것은 여러분이 예상치 못했던 방식으로 성장하고 적응하게 합니다. 도전은 여러분의 한계를 시험하고, 익숙한 영역을 뛰어넘어 발전하도록 만듭니다. 도전을 받아들이면 성취할 수 있다고 믿는 것의 정의를 새롭게 내리게 됩니다.

_____

_____

_____

_____

_____

_____

_____

_____

_____

_____

52. DATE. 20 　.　.　.

"Dare to step into the unknown; it is where your greatest victories await."

미지의 세계로 과감히 발을 내디뎌라. 그곳에 당신의 가장 큰 승리가
기다리고 있다.

_____

_____

_____

_____

기출 Vocabulary

dare	v. 감히 ~하다, 도전하다	dare to dream	감히 꿈꾸다
unknown	n. 미지의 것	venture into the unknown	미지의 세계로 모험하다
victory	n. 승리, 성공	achieve victory	승리를 이루다
await	v. 기다리다, 대기하다	await opportunity	기회를 기다리다
involve	v. 포함하다	involve all the students	모든 학생들을 포함하다
guarantee	n. 보장, 약속	offer a guarantee	보장을 제공하다
achievement	n. 성취, 업적	significant achievement	중요한 성취
growth	n. 성장, 발달	stimulate growth	성장을 촉진하다

Challenges often involve stepping into the unknown, where there are no guarantees. But this is also where you can find your greatest achievements and personal victories. By daring to challenge what you don't know, you open doors to growth and success.

도전은 종종 보장되지 않은 미지의 세계로 들어가는 것을 수반합니다. 그러나 그곳에서야말로 여러분은 가장 큰 성취와 개인적 승리를 얻을 수 있습니다. 알지 못하는 것에 도전함으로써, 성장과 성공으로 이어지는 문을 열게 됩니다.

_____

_____

_____

_____

_____

_____

_____

_____

_____

_____

53. DATE. 20 . . .

"True strength is found in embracing the risk of the challenge, not avoiding it."

진정한 강함은 도전을 회피하지 않고 위험을 받아들이는 데서 발견된다.

_____

_____

_____

_____

기출 Vocabulary

strength	n. 힘, 강점	build strength	힘을 기르다
embrace	v. 받아들이다	embrace risk	위험을 받아들이다
risk	n. 위험	take a risk	위험을 감수하다
challenge	n. 도전, 과제	accept a challenge	도전을 받아들이다
avoid	v. 피하다, 회피하다	avoid confrontation	대립을 피하다
push through	v. 헤쳐 나가다	push through difficulty	어려움을 헤쳐 나가다
uncertain	a. 불확실한, 확신이 없는	uncertain outcome	불확실한 결과
courage	n. 용기	demonstrate courage	용기를 보여주다

Strength is not just about facing the easy parts of life. It's about stepping up when there's a risk involved and pushing through, even when things seem uncertain. Embracing risk and challenges is where true courage and strength come from.

강인함은 단순히 인생의 쉬운 부분에 맞서는 것만이 아닙니다. 강인함은 위험이 따를 때 용감히 나서는 것이고 불확실해 보일 때도 밀고 나가는 것입니다. 위험과 도전을 받아들이는 것이 진정한 용기와 강인함의 출발점입니다.

54. DATE. 20 . . .

"A life without challenges is like a sail without wind—you may float, but you will never journey."

도전이 없는 삶은 바람 없는 돛과 같다. 떠 있을 수는 있지만, 결코 항해하지는 못한다.

_____

_____

_____

_____

기출 Vocabulary

challenge	n. 도전	overcome a challenge	도전을 극복하다
sail	n. 돛, 항해	raise a sail	돛을 올리다
float	v. 떠다니다, 부유하다	float effortlessly	가볍게 떠다니다
journey	v. 여행하다	journey to success	성공을 향해 여행하다
meaningful	a. 의미 있는, 중요한	meaningful life	의미 있는 삶
face	v. 직면하다, 맞서다	face challenges	도전에 맞서다
remain	v. 남아 있다, 머무르다	remain calm	차분히 머무르다
still	a. 고요한, 정지한	remain still	고요히 머무르다

Life becomes meaningful when we face challenges that push us forward. Just as a sail needs wind to move, we need challenges to grow and reach new destinations. Without them, we remain still, missing out on the experiences and growth we could achieve.

삶은 우리를 앞으로 나아가게 하는 도전에 직면할 때 의미를 갖게 됩니다. 돛이 바람을 필요로 하듯이, 우리는 성장하고 새로운 목적지에 도달하기 위해 도전이 필요합니다. 도전이 없으면 우리는 멈춰 있게 되고, 경험과 성장을 놓치게 됩니다.

"In every struggle, there lies the seed of a new strength waiting to bloom."

모든 고투 속에는 피어날 준비가 된 새로운 힘의 씨앗이 숨어 있다.

_____

_____

_____

_____

기출 Vocabulary

struggle	n. 투쟁, 고난	endure a struggle	고난을 견디다
seed	n. 씨앗, 시작점	nurture a seed	씨앗을 키우다
strength	n. 힘, 강점	build strength	힘을 기르다
bloom	v. 꽃이 피다, 번영하다	bloom fully	완전히 꽃피다
overwhelming	a. 압도적인	overwhelming challenge	압도적인 도전
contain	v. 포함하다, 담고 있다	contain potential	잠재력을 포함하다
perspective	n. 관점, 시각	gain perspective	관점을 얻다
resilient	a. 회복력 있는, 탄력 있는	stay resilient	회복력을 유지하다

Challenges often feel overwhelming at first, but they contain the potential for growth. When you confront and overcome struggles, you gain new strengths and perspectives. These experiences help you become more resilient and confident in the face of future difficulties.

도전은 처음에는 벅차게 느껴질 수 있지만, 그 안에는 성장할 수 있는 잠재력이 있습니다. 고난을 직면하고 극복할 때, 새로운 힘과 시각을 얻게 됩니다. 이러한 경험은 미래의 어려움에 더욱 회복력 있고 자신감 있게 맞서는 데에 도움이 됩니다.

_____

_____

_____

_____

_____

_____

_____

_____

_____

_____

56. DATE. 20 . . .

"Challenges are the craftsmen that shape the foundation of your resilience."

도전은 당신의 회복력의 토대를 만드는 장인이다.

_____

_____

_____

_____

기출 Vocabulary

craftsman	n. 장인, 숙련자	skilled craftsman	숙련된 장인
shape	v. 형성하다, 만들다	shape a future	미래를 형성하다
foundation	n. 기초, 토대	build a foundation	기초를 쌓다
tirelessly	ad. 지치지 않고	work tirelessly	지치지 않고 일하다
masterpiece	n. 걸작	create a masterpiece	걸작을 창조하다
mold	v. 형성하다, 만들다	mold a future	미래를 형성하다
solid	a. 견고한, 확고한	solid foundation	견고한 기초
obstacle	n. 장애물	overcome an obstacle	장애물을 극복하다

120

Every challenge we face is an opportunity to build our resilience. Just as a craftsman works tirelessly to shape a masterpiece, challenges help mold us into a stronger, more capable person. Embracing them allows us to build a solid foundation for overcoming future obstacles.

우리가 맞닥뜨리는 모든 도전은 회복력을 키울 수 있는 기회입니다. 장인이 걸작을 만들기 위해 끊임없이 일하듯이, 도전은 우리를 더 강하고 능력 있는 사람으로 형성해 줍니다. 도전을 받아들임으로써 미래의 장애물을 극복할 단단한 기초를 다질 수 있습니다.

"True courage is found not in the absence of fear, but in the action taken despite it."

진정한 용기는 두려움이 없는 것이 아니라, 그것에도 불구하고 행동하는 데 있다.

기출 Vocabulary

absence	n. 부재, 결핍	absence of fear	두려움의 부재
fear	n. 두려움, 공포	overcome fear	두려움을 극복하다
despite	prep. ~에도 불구하고	despite difficulties	어려움에도 불구하고
misunderstand	v. 오해하다	misunderstand intentions	의도를 오해하다
fearless	a. 두려움 없는, 용감한	fearless attitude	두려움 없는 태도
choose	v. 선택하다, 고르다	choose wisely	신중히 선택하다
showcase	v. 보여주다, 전시하다	showcase strength	강점을 보여주다
reach	v. 도달하다, 이르다	reach a goal	목표에 도달하다

Courage is often misunderstood as being fearless, but it is more about moving forward despite fear. When you choose to act even when you're afraid, you showcase true strength. Facing challenges with courage helps you grow and reach goals that once seemed impossible.

용기는 종종 두려움이 없는 것으로 잘못 이해되지만, 실제로는 두려움에도 불구하고 앞으로 나아가는 것입니다. 두려움을 느끼면서도 행동하기로 선택할 때, 당신은 진정한 힘을 보여줍니다. 용기를 가지고 도전에 맞서면, 한때 불가능해 보였던 목표에 도달할 수 있습니다.

58. DATE. 20 . . .

"Each obstacle you overcome adds a layer of strength that no one can take away."

당신이 극복하는 각각의 장애물은 누구도 빼앗을 수 없는 힘의 층을 더한다.

기출 Vocabulary

obstacle	n. 장애물	overcome an obstacle	장애물을 극복하다
overcome	v. 극복하다, 이겨내다	overcome adversity	역경을 극복하다
layer	n. 층, 단계	add a layer	한 층을 더하다
take away	v.가져가다	take away someone's rights	누군가의 권리를 빼앗다
character	n. 성격, 인격	shape character	성격을 형성하다
resilience	n. 회복력, 탄력성	develop resilience	회복력을 기르다
prepared	a. 준비된	prepared for the worst	최악에 대비된
personal	a. 개인적인	personal experience	개인적인 경험

Every obstacle you face and overcome becomes part of your character. These experiences build layers of strength and resilience, making you better prepared for future challenges. No one can take away the personal growth gained from overcoming difficulties.

당신이 직면하고 극복한 각각의 장애물은 당신의 성격의 일부가 됩니다. 이러한 경험은 힘과 회복력의 층을 쌓아 미래의 도전에 더 잘 대비할 수 있도록 만듭니다. 어려움을 극복하면서 얻은 개인적인 성장은 누구도 빼앗을 수 없습니다.

59. DATE. 20 . . .

"It is in the face of failure that true strength and determination are discovered."

실패에 직면할 때 진정한 힘과 결단력이 발견된다.

기출 Vocabulary

face	n. 직면, 대면	in the face of adversity	역경에 직면하여
failure	n. 실패	learn from failure	실패에서 배우다
strength	n. 힘, 강점	inner strength	내면의 힘
determination	n. 결의	unwavering determination	흔들리지 않는 결의
discover	v. 발견하다, 알아차리다	discover potential	잠재력을 발견하다
stepping stone	n. 디딤돌	use as a stepping stone	디딤돌로 사용하다
perseverance	n. 인내, 끈기	show perseverance	인내를 발휘하다
embrace	v. 받아들이다, 포용하다	embrace challenges	도전을 받아들이다

126

Failure is not the end; it's a stepping stone to discovering how strong and determined you can become. Facing failure teaches you perseverance and helps build character. Embracing these moments can lead to personal growth that lasts.

실패는 끝이 아니라, 여러분이 얼마나 강하고 결단력 있는지를 발견할 수 있는 디딤돌입니다. 실패에 맞서면 인내를 배우고 성격을 다질 수 있습니다. 이러한 순간을 받아들이면 개인적이고 지속적인 성장을 이룰 수 있습니다.

---

60. DATE. 20 . . .

"To overcome challenges, you must perceive them not as barriers, but as opportunities for growth."

도전을 극복하려면, 그것을 장애물이 아니라 성장의 기회로 인식해야
한다.

_____

_____

_____

_____

기출 Vocabulary

overcome	v. 극복하다	overcome challenges	도전을 극복하다
perceive	v. 인지하다	perceive differently	다르게 인지하다
barrier	n. 장벽, 장애물	break a barrier	장벽을 깨다
opportunity	n. 기회	seize an opportunity	기회를 잡다
growth	n. 성장, 발달	encourage growth	성장을 독려하다
perspective	n. 관점, 시각	gain perspective	관점을 얻다
shift	v. 변화시키다	shift focus	초점을 전환하다
foster	v. 촉진하다	foster growth	성장을 촉진하다

Challenges are a natural part of life, and how you perceive them can make all the difference. Viewing challenges as opportunities allows you to approach them with a positive mindset. This perspective shifts your focus from fear to growth, fostering resilience.

도전은 삶의 자연스러운 일부이며, 그것을 어떻게 인식하는지가 모든 차이를 만들 수 있습니다. 도전을 기회로 보는 것은 긍정적인 사고방식으로 접근할 수 있게 해줍니다. 이 관점은 두려움에서 성장으로 초점을 옮겨 회복력을 길러줍니다.

---

61. DATE. 20 . . .

"The bravest journeys begin when you decide to move beyond comfort and into uncertainty."

가장 용감한 여정은 당신이 편안함을 넘어 불확실함으로 나아가기로 결심할 때 시작된다.

_____

_____

_____

_____

기출 Vocabulary

beyond	prep. ~을 넘어	beyond limits	한계를 넘어
comfort	n. 편안함	step out of comfort	안락함에서 벗어나다
uncertainty	n. 불확실성	face uncertainty	불확실성에 직면하다
involve	v. 포함하다, 수반하다	involve risk	위험을 수반하다
adapt	v. 적응하다	adapt to change	변화에 적응하다
depth	n. 깊이, 심도	explore depth	깊이를 탐구하다
character	n. 성격, 인격	build character	성격을 형성하다
invaluable	a. 매우 귀중한	invaluable experience	매우 귀중한 경험

True courage involves stepping outside your comfort zone. When you face the unknown, you challenge yourself to grow and adapt. Each journey into uncertainty adds depth and strength to your character, teaching invaluable life lessons.

진정한 용기는 편안함의 경계를 넘어서는 것입니다. 여러분은 미지의 세계에 맞설 때, 성장하고 적응하기 위해 스스로에게 도전하게 됩니다. 불확실한 여정은 당신의 성격에 깊이와 힘을 더해주며, 소중한 인생의 교훈을 가르쳐 줍니다.

---

62. DATE. 20 . . .

"To face adversity with a smile is the mark of a resilient spirit."
미소로 역경에 맞서는 것은 회복력 있는 정신의 표시이다.

기출 Vocabulary

adversity	n. 역경	overcome adversity	역경을 극복하다
mark	n. 표시	mark of strength	강함의 표시
spirit	n. 정신, 영혼	strong spirit	강한 정신
respond	v. 반응하다	respond positively	긍정적으로 반응하다
define	v. 정의하다	define success	성공을 정의하다
ignore	v. 무시하다	ignore advice	조언을 무시하다
approach	n. 접근법	positive approach	긍정적인 접근법
bounce	v. 튀다, 회복하다	bounce back	회복하다

Adversity tests your strength and patience, but how you respond to it defines your character. Smiling through challenges doesn't mean ignoring difficulties; it means facing them with hope. This approach nurtures resilience and helps you bounce back stronger.

역경은 당신의 힘과 인내를 시험하지만, 그것에 어떻게 반응하느냐가 당신의 성격을 정의합니다. 도전 속에서도 미소 짓는 것은 어려움을 무시하는 것이 아니라, 희망을 갖고 마주하는 것입니다. 이러한 접근 방식은 회복력을 기르고 더 강해질 수 있게 합니다.

63. DATE. 20 . . .

"Greatness is found not in never falling, but in rising each time you fall."

위대함은 결코 넘어지지 않는 데 있는 것이 아니라, 넘어질 때마다 일어서는 데 있다.

기출 Vocabulary

greatness	n. 위대함, 훌륭함	achieve greatness	위대함을 이루다
fall	v. 넘어지다, 실패하다	fall short	부족하다
rise	v. 일어서다, 올라가다	rise above	~을 극복하다
setback	n. 좌절, 차질	overcome a setback	좌절을 극복하다
build	v. 쌓다, 형성하다	build strength	강점을 쌓다
resilient	a. 회복력 있는	remain resilient	회복력을 유지하다
pave	v. 길을 닦다, 준비하다	pave the way	길을 닦다
achievement	n. 성취	celebrate achievement	성취를 축하하다

Failure is a natural part of life, and learning to rise after each setback is what builds true strength. Every time you pick yourself up, you grow more resilient and determined. This habit of getting back up paves the way to true achievement.

실패는 삶의 자연스러운 일부이며, 좌절 후 매번 다시 일어서는 법을 배우는 것은 진정한 힘을 키웁니다. 스스로를 다시 일으킬 때마다, 우리는 더욱 회복력 있고 결단력 있게 발전합니다. 다시 일어나는 이러한 습관은 진정한 성취로 가는 길을 닦아줍니다.

_____

_____

_____

_____

_____

_____

_____

_____

_____

_____

64. DATE. 20 . . .

"When you challenge your limits, you discover how far you can truly go."

한계에 도전할 때, 당신은 진정으로 얼마나 멀리 갈 수 있는지 발견하게 된다.

_____

_____

_____

_____

기출 Vocabulary

challenge	v. 도전하다	challenge assumptions	가정에 도전하다
limit	n. 한계, 제한	push limits	한계를 밀어붙이다
discover	v. 발견하다, 깨닫다	discover potential	잠재력을 발견하다
comfortable	a. 편안한, 안락한	feel comfortable	편안함을 느끼다
growth	n. 성장, 발달	foster growth	성장을 촉진하다
perceive	v. 인지하다	perceive a difference	차이를 인지하다
strengthen	v. 강화하다	strengthen belief	믿음을 강화하다
capability	n. 능력, 역량	demonstrate capability	역량을 발휘하다

Challenging your limits means pushing yourself beyond what feels comfortable. This is how growth happens, by reaching past your perceived boundaries. Every new challenge faced strengthens your belief in your capabilities.

한계에 도전하는 것은 편안함을 넘어 스스로를 밀어붙이는 것을 의미합니다. 이는 당신이 인식하는 경계를 넘어서 성장하는 방법입니다. 새로운 도전에 맞설 때마다 당신의 능력에 대한 믿음이 강해집니다.

_____

_____

_____

_____

_____

_____

_____

_____

_____

_____

65. DATE. 20 . . .

"The bold do not wait for the perfect moment; they create it through action."

대담한 사람들은 완벽한 순간을 기다리지 않는다. 그들은 행동을 통해 그런 순간을 만든다.

_____

_____

_____

_____

기출 Vocabulary

bold	a. 대담한, 용감한	bold decision	대담한 결정
perfect	a. 완벽한, 흠잡을 데 없는	perfect timing	완벽한 타이밍
moment	n. 순간, 시점	seize the moment	순간을 붙잡다
create	v. 창조하다, 만들다	create opportunities	기회를 만들다
uncertainty	n. 불확실성	embrace uncertainty	불확실성을 받아들이다
opportunity	n. 기회	miss an opportunity	기회를 놓치다
shape	v. 형성하다, 만들다	shape a future	미래를 형성하다
destiny	n. 운명, 숙명	shape destiny	운명을 형성하다

Courage is often about taking action despite uncertainty or fear. Waiting for the perfect moment can lead to missed opportunities, but taking action brings those moments to life. The bold act, and in doing so, shape their destiny.

용기는 종종 불확실함이나 두려움에도 불구하고 행동하는 것입니다. 완벽한 순간을 기다리면 기회를 놓치게 될 수 있지만, 행동하는 것은 그 순간을 살아나게 합니다. 대담한 사람들은 행동하며 운명을 만들어 갑니다.

_____

_____

_____

_____

_____

_____

_____

_____

_____

_____

66. DATE. 20 . . .

"Courage is not the absence of fear, but the decision to act in spite of it."
용기는 두려움의 부재가 아니라, 그럼에도 불구하고 행동하기로 한 결심이다.

_____

_____

_____

_____

기출 Vocabulary

absence	n. 부재, 결핍	absence of evidence	증거의 부재
decision	n. 결정, 판단	make a decision	결정을 내리다
in spite of	prep. ~에도 불구하고	in spite of difficulties	어려움에도 불구하고
choice	n. 선택	make a choice	선택을 하다
regardless	ad. 개의치 않고	regardless of circumstances	상황에 개의치 않고
confront	v. 직면하다, 맞서다	confront a problem	문제에 직면하다
fuel	v. 자극하다, 북돋우다	fuel motivation	동기를 자극하다
growth	n. 성장, 발전	encourage growth	성장을 독려하다

Everyone feels fear, but what sets courageous people apart is their choice to act regardless. True bravery comes not from being fearless, but from confronting fear head-on. This decision is what fuels growth and true success.

모든 사람은 두려움을 느끼지만, 용감한 사람들은 그것과 상관없이 행동하기로 선택하는 점이 다릅니다. 진정한 용기는 두려움이 없는 데서 나오는 것이 아니라, 두려움에 정면으로 맞서는 데서 나옵니다. 이 결단이 성장과 진정한 성공을 이끄는 원동력입니다.

_____

_____

_____

_____

_____

_____

_____

_____

_____

67. DATE. 20 ．　．　．

"A true warrior knows that the greatest battles are fought within, against doubt and hesitation."

진정한 전사는 가장 큰 전투가 자신 내면의 의심과 망설임과의 싸움임을 안다.

_____

_____

_____

_____

기출 Vocabulary

warrior	n. 전사, 용사	fearless warrior	두려움 없는 전사
battle	n. 전투, 싸움	fight a battle	싸움을 싸우다
within	prep. 내부에, 안에	struggle within	내면에서의 싸움
doubt	n. 의심, 불확실성	overcome doubt	의심을 극복하다
hesitation	n. 망설임	act without hesitation	주저 없이 행동하다
external	a. 외부의, 외적인	external factors	외부 요인
paralyze	v. 마비시키다	paralyze progress	진전을 멈추게 하다
inner	a. 내적인, 내면의	inner strength	내면의 힘

The most significant challenges we face are often within ourselves, not in the external world. Doubt and hesitation can paralyze progress, but overcoming them is the mark of true inner strength. Being a warrior in life means continuously fighting these battles to move forward.

우리가 직면하는 가장 큰 도전은 종종 외부가 아니라 우리 자신 안에 있습니다. 의심과 망설임은 발전을 무력화시킬 수 있지만, 그것을 극복하는 것이 진정한 내면의 강인함의 표시입니다. 인생에서 전사란 이러한 싸움을 계속하며 앞으로 나아가는 사람입니다.

_____

_____

_____

_____

_____

_____

_____

_____

_____

_____

68. DATE. 20 . . .

"To step into the unknown is the first act of true courage."

알 수 없는 곳으로 발을 내딛는 것이 진정한 용기의 첫 번째 행동이다.

_____

_____

_____

_____

기출 Vocabulary

true	a. 진정한, 참된	stay true to values	가치에 충실하다
signify	v. 의미하다, 나타내다	signify a change	변화를 나타내다
embrace	v. 받아들이다, 포용하다	embrace uncertainty	불확실성을 받아들이다
uncertainty	n. 불확실성	face uncertainty	불확실성에 직면하다
explore	v. 탐험하다, 조사하다	explore new ideas	새로운 아이디어를 탐구하다
beyond	prep. ~을 넘어서, ~이외에	beyond expectations	기대를 넘어서
familiar	a. 익숙한, 친숙한	leave the familiar	익숙한 것을 떠나다
opportunity	n. 기회	seize an opportunity	기회를 잡다

Stepping into the unknown signifies embracing uncertainty and being willing to explore beyond the familiar. This act is essential for personal growth and discovering new opportunities. True courage is not the absence of fear but the willingness to face the unknown despite it.

미지의 세계로 발을 내딛는 것은 불확실성을 받아들이고 익숙한 것 너머를 기꺼이 탐험하고자 하는 것을 의미합니다. 이 행동은 개인적인 성장과 새로운 기회를 발견하는 데 필수적입니다. 진정한 용기는 두려움의 부재가 아니라, 그럼에도 불구하고 미지의 것을 마주하려는 의지입니다.

_____

_____

_____

_____

_____

_____

_____

_____

69. DATE. 20 . . .

"The path to victory is not paved with ease, but with effort and persistence."

승리로 가는 길은 편안함이 아닌 노력과 끈기로 포장되어 있다.

기출 Vocabulary

path	n. 길, 경로	follow a path	길을 따르다
victory	n. 승리, 성공	achieve victory	승리를 이루다
pave	v. (길을) 포장하다, 닦다	pave the way	길을 닦다
ease	n. 쉬움, 용이함	with ease	쉽게
effort	n. 노력	put in effort	노력을 기울이다
persistence	n. 끈기	demonstrate persistence	끈기를 발휘하다
focus	n. 집중, 초점	maintain focus	집중을 유지하다
separate	v. 분리하다	separate the tasks	업무를 분리하다

Reaching victory requires pushing through difficulties and maintaining focus. Effort and persistence are what separate those who succeed from those who give up. Each challenge faced and overcome strengthens your resolve.

승리에 도달하려면 어려움을 헤쳐 나가고 집중을 유지해야 합니다. 노력과 끈기는 성공하는 사람과 포기하는 사람을 구분 짓는 요소입니다. 맞서 극복한 매번의 도전은 여러분의 결심을 강화합니다.

70. DATE. 20　　·　　·　　　·

"Your determination in the face of obstacles defines your true strength."

장애물 앞에서의 결의가 진정한 강인함을 정의한다.

_____

_____

_____

_____

기출 Vocabulary

determination	n. 결심, 결의	show determination	결의를 보여주다
face	n. 직면, 대면	in the face of adversity	역경에 직면하여
obstacle	n. 장애물, 방해	overcome an obstacle	장애물을 극복하다
define	v. 정의하다, 규정하다	define success	성공을 정의하다
strength	n. 힘, 강점	inner strength	내면의 힘
willpower	n. 의지력, 정신력	test willpower	의지력을 시험하다
commitment	n. 헌신	demonstrate commitment	헌신을 보여주다
resilience	n. 회복력, 탄력성	build resilience	회복력을 기르다

148

True strength is shown when you continue to push forward despite challenges. Obstacles test your willpower and commitment. By facing them, you discover your resilience and determination.

진정한 강인함은 도전에도 불구하고 앞으로 나아갈 때 드러납니다. 장애물은 당신의 의지력과 헌신을 시험합니다. 그것들을 직면함으로써 당신은 스스로의 회복력과 결의를 발견하게 됩니다.

71. DATE. 20 ． ． ．

"Embrace the unknown with courage, for every step into uncertainty is a step toward growth."

용기를 가지고 미지의 세계를 받아들여라. 모든 불확실한 발걸음은 성장으로 가는 한 걸음이기 때문이다.

기출 Vocabulary

embrace	v. 받아들이다	embrace challenges	도전을 받아들이다
intimidating	a. 위협적인	intimidating atmosphere	위협적인 분위기
approach	n. 접근법, 방법	innovative approach	혁신적인 접근법
enable	v. 가능하게 하다	enable success	성공을 가능하게 하다
growth	n. 성장, 발달	foster growth	성장을 촉진하다
transformation	n. 변화, 변형	undergo transformation	변화를 겪다
confidence	n. 자신감	build confidence	자신감을 키우다
resilience	n. 회복력, 탄력성	strengthen resilience	회복력을 강화하다

When you face the unknown, it can feel intimidating, but approaching it with courage enables you to grow and develop. Challenges that seem uncertain often hold the greatest opportunities for personal growth and transformation. Embracing these moments builds confidence and resilience, shaping your future self.

여러분이 미지의 것을 마주할 때, 그것은 두렵게 느껴질 수 있지만, 용기로 다가가면 성장하고 발전할 수 있습니다. 불확실해 보이는 도전은 종종 개인의 성장과 변화를 위한 가장 큰 기회를 제공합니다. 이러한 순간들을 받아들이는 것은 자신감과 회복탄력성을 키워주며, 미래의 당신을 형성합니다.

_____

_____

_____

_____

_____

_____

_____

_____

72. DATE. 20 . . .

"Great achievements are built not by avoiding obstacles, but by learning to navigate through them."

위대한 성취는 장애물을 피함으로써가 아니라, 그것을 헤쳐 나가는 법을 배움으로써 이루어진다.

기출 Vocabulary

achievement	n. 성취	accomplish an achievement	성취를 이루다
obstacle	n. 장애물	navigate an obstacle	장애물을 헤쳐 나가다
navigate	v. 처리하다	navigate challenges	도전을 처리하다
perseverance	n. 끈기	demonstrate perseverance	끈기를 발휘하다
problem-solving	n. 문제 해결	problem-solving skills	문제 해결 기술
confidence	n. 자신감	build confidence	자신감을 키우다
skill	n. 기술, 능력	develop skills	기술을 개발하다
success	n. 성공	pave the way for success	성공을 위한 길을 닦다

Achievements are often born from overcoming obstacles, not from avoiding them. Navigating challenges requires perseverance and problem-solving, both of which help you become stronger and wiser. Each time you face and overcome a challenge, you build your skills and confidence, paving the way for future successes.

성취는 흔히 장애물을 피하지 않고 극복하는 과정에서 태어납니다. 도전을 헤쳐 나가는 데는 인내와 문제 해결 능력이 모두 필요하며, 이는 여러분을 더 강하고 현명하게 만들어 줍니다. 매번 도전에 맞서서 극복할 때마다 여러분의 기술과 자신감이 쌓이며, 미래의 성공을 위한 길을 닦게 됩니다.

---

73. DATE. 20 . . .

"The path to true success is paved with risks taken, not opportunities avoided."

진정한 성공으로 가는 길은 여태까지 피한 기회들이 아닌, 감수해 온 위험들로 닦인다.

_____

_____

_____

_____

기출 Vocabulary

success	n. 성공	achieve success	성공을 이루다
pave	v. 길을 닦다, 준비하다	pave the way	길을 닦다
risk	n. 위험	take a risk	위험을 감수하다
opportunity	n. 기회	seize an opportunity	기회를 잡다
avoid	v. 피하다, 회피하다	avoid obstacles	장애물을 피하다
potential	n. 잠재력	unlock potential	잠재력을 발휘하다
seize	v. 붙잡다	seize the moment	순간을 붙잡다
achievement	n. 성취	meaningful achievement	의미 있는 성취

Success often requires taking risks and stepping outside of your comfort zone. Avoiding challenges may seem safer, but it limits both growth and potential. By facing risks and seizing opportunities, you set yourself on the path to meaningful achievements.

성공에는 종종 위험을 감수하고 편안한 영역을 벗어나는 것이 필요합니다. 도전을 피하는 것이 더 안전해 보일 수 있지만, 이는 성장과 잠재력을 모두 제한합니다. 위험을 마주하고 기회를 붙잡음으로써, 여러분은 의미 있는 성취로 나아가는 길을 마련하게 됩니다.

74. DATE. 20 . . .

"In the face of adversity, let your dreams guide you forward, unwavering and strong."

역경을 직면했을 때는, 꿈이 당신을 이끌어 흔들림 없이 강하게 나아가게 하라.

_____

_____

_____

_____

기출 Vocabulary

adversity	n. 역경, 고난	overcome adversity	역경을 극복하다
let	v. ~하게 하다	let someone succeed	누군가가 성공하게 하다
unwavering	a. 확고한	unwavering commitment	확고한 헌신
determination	n. 결심, 결의	show determination	결의를 보여주다
will	n. 의지, 의도	strong will	강한 의지
determined	a. 단호한, 결심한	determined mindset	단호한 사고방식
resilient	a. 회복력 있는, 탄력적인	resilient spirit	회복력 있는 정신
situation	n. 상황, 처지	handle a situation	상황을 처리하다

Adversity is a part of life that tests your determination and will. Dreams provide the motivation and focus needed to push through challenging times. When you hold onto your dreams, they act as a compass, helping you stay determined and resilient even in the toughest situations.

역경은 여러분의 결심과 의지를 시험할 수 있는 삶의 한 부분입니다. 꿈은 힘든 시기를 이겨내기 위해 필요한 동기와 집중력을 제공합니다. 꿈을 놓지 않고 있으면 그것은 마치 나침반처럼, 가장 힘든 상황에서도 여러분이 결단력과 회복력을 유지할 수 있게 해줍니다.

_____

_____

_____

_____

_____

_____

_____

_____

_____

75. DATE. 20 . . .

"Every setback is a chance to reshape your vision and forge ahead with renewed strength."

모든 좌절은 당신의 비전을 재정비하고 새롭게 힘을 내어 앞으로 나아갈 기회다.

_____

_____

_____

_____

기출 Vocabulary

setback	n. 좌절, 차질	overcome a setback	좌절을 극복하다
reshape	v. 재구성하다	reshape a vision	비전을 재구성하다
vision	n. 비전, 전망	clarify a vision	비전을 명확히 하다
forge	v. 단단히 나아가다, 구축하다	forge ahead	나아가다
renewed	a. 새로워진, 재생된	renewed strength	새로워진 힘
disheartening	a. 낙담시키는	disheartening experience	낙담시키는 경험
reassess	v. 재평가하다	reassess goals	목표를 재평가하다
transform	v. 변형하다	transform obstacles	장애를 변형하다

Setbacks can be disheartening, but they also present an opportunity to reassess and adapt your goals. By approaching challenges as opportunities to learn, you can move forward stronger and more prepared. This mindset transforms obstacles into powerful moments of growth and renewal.

좌절은 낙담스러울 수 있지만, 목표를 재평가하고 조정할 기회를 제공하기도 합니다. 도전을 배움의 기회로 보고 접근하면, 더 강하고 준비된 상태로 앞으로 나아갈 수 있습니다. 이러한 사고방식은 장애물을 강력한 성장과 재생의 순간으로 변화시킵니다.

_____

_____

_____

_____

_____

_____

_____

_____

PART 4.

희망

우리의 매일에는

희망이 존재합니다.

희망의 빛을 따라서

오늘도 나아갑니다.

76. DATE. 20 . . .

"Hope is not just the light at the end of the tunnel; it is the strength that carries you through the darkness."

희망은 단지 터널 끝에 있는 빛이 아니라, 어둠 속에서도 당신을 이끄는 힘이다.

_____

_____

_____

_____

기출 Vocabulary

carry	v. 나르다, 이끌다	carry responsibility	책임을 지다
provide	v. 제공하다	provide assistance	도움을 제공하다
offer	v. 제안하다, 제공하다	offer support	지원을 제공하다
overwhelming	a. 압도적인	overwhelming challenge	압도적인 도전
remind	v. 상기시키다	remind of hope	희망을 상기시키다
possibility	n. 가능성	explore a possibility	가능성을 탐구하다
outcome	n. 결과, 성과	predict an outcome	결과를 예측하다
gain	v. 얻다, 획득하다	gain experience	경험을 얻다

Hope provides the motivation to keep moving forward, even in tough situations. It offers strength when challenges seem overwhelming and reminds you that there is always a possibility for a better outcome. By holding on to hope, you build resilience and gain the courage to face life's difficulties.

희망은 힘든 상황에서도 계속 나아갈 수 있는 동기를 제공합니다. 희망은 도전이 두렵게 느껴질 때 힘을 주며, 언제나 더 나은 결과의 가능성을 잊지 않게 해줍니다. 희망을 놓지 않고 있으면, 인생의 어려움에 맞설 수 있는 회복력과 용기를 기를 수 있게 됩니다.

77. DATE. 20 . . .

"In the face of adversity, hope whispers that tomorrow brings a new chance."

역경에 직면했을 때, 희망은 내일이 새로운 기회를 가져다줄 것이라고 속삭인다.

_____

_____

_____

_____

기출 Vocabulary

adversity	n. 역경	face adversity	역경에 맞서다
whisper	v. 속삭이다	whisper softly	부드럽게 속삭이다
envision	v. 상상하다	envision a future	미래를 상상하다
gentle	a. 부드러운	gentle voice	부드러운 목소리
opportunity	n. 기회	seize an opportunity	기회를 잡다
believe	v. 믿다	believe in hope	희망을 믿다
mindset	n. 사고방식	shift mindset	사고방식을 전환하다
possibility	n. 가능성	open a possibility	가능성을 열다

Even when adversity makes life difficult, hope helps you envision a better tomorrow. It acts as a gentle reminder that life is full of opportunities if you keep believing. Holding on to hope during hard times can shift your mindset and open doors to new possibilities.

역경이 삶을 힘들게 만들 때조차도, 희망은 더 나은 내일을 상상할 수 있게 도와줍니다. 희망은 여러분이 믿음을 잃지 않는다면 삶은 기회로 가득 차 있음을 친절하게 알려줍니다. 어려운 시기에도 희망을 유지하는 것은 사고방식을 바꾸고 새로운 가능성의 문을 열어줍니다.

---

78. DATE. 20   •   •   •

"True hope is not passive; it is the catalyst that drives you to act and transform your reality."

진정한 희망은 수동적이지 않다. 그것은 당신이 행동하고 현실을 변화시키도록 이끄는 촉매제다.

_____

_____

_____

_____

기출 Vocabulary

passive	a. 수동적인, 소극적인	passive role	수동적인 역할
catalyst	n. 촉매제	a catalyst for change	변화의 촉매제
transform	v. 변화시키다	transform reality	현실을 변화시키다
inspire	v. 영감을 주다	inspire creativity	창의력에 영감을 주다
circumstance	n. 상황, 환경	challenging circumstances	어려운 상황
encourage	v. 장려하다	encourage participation	참여를 장려하다
gain	v. 얻다, 획득하다	gain insight	통찰력을 얻다
momentum	n. 추진력, 탄력	gain momentum	탄력을 얻다

Hope inspires action rather than waiting for circumstances to change on their own. It encourages you to take the first step toward turning your dreams into reality. By believing in hope, you gain the momentum needed to make significant changes.

희망은 상황이 저절로 바뀌기를 기다리기보다는 행동을 촉구합니다. 그것은 여러분이 꿈을 현실로 만드는 첫걸음을 내딛도록 격려합니다. 희망을 믿음으로써, 중요한 변화를 이루기 위해 필요한 추진력을 얻게 됩니다.

_____

_____

_____

_____

_____

_____

_____

_____

_____

_____

"A heart full of hope can ignite even the dimmest spark into a brilliant flame."

희망으로 가득 찬 마음은 가장 희미한 불씨도 찬란한 불꽃으로 만들 수 있다.

_____

_____

_____

_____

기출 Vocabulary

ignite	v. 불을 붙이다	ignite a spark	불씨에 불을 붙이다
dim	a. 흐릿한, 희미한	a dim light	희미한 빛
spark	n. 불꽃, 불씨	a spark of hope	희망의 불씨
brilliant	a. 빛나는, 뛰어난	a brilliant flame	빛나는 불꽃
positivity	n. 긍정, 낙관	radiate positivity	긍정을 발산하다
fuel	v. 자극하다, 북돋우다	fuel ambition	야망을 자극하다
uncertain	a. 불확실한	uncertain times	불확실한 시기
tiny	a. 아주 작은, 미세한	a tiny detail	아주 작은 세부사항

Hope can turn even the smallest sign of positivity into something powerful. It fuels your spirit, pushing you forward when things seem difficult or uncertain. With hope, the tiniest spark becomes a light that guides you through challenges.

희망은 가장 작은 긍정의 표시조차도 강력한 무언가로 변화시킬 수 있습니다. 그것은 여러분의 정신에 불을 지피며, 상황이 어렵거나 불확실할 때도 앞으로 나아가게 해줍니다. 희망이 있으면, 아주 작은 불꽃도 도전을 헤쳐 나가는 길을 밝혀주는 빛이 됩니다.

80. DATE. 20 . . .

"Hope is the resilient bridge that connects your current struggle to a brighter future."

희망은 현재의 고난을 더 밝은 미래로 연결해 주는 회복탄력성이 있는 다리다.

_____

_____

_____

_____

기출 Vocabulary

resilient	a. 회복력 있는	resilient spirit	회복력 있는 정신
connect	v. 연결하다	connect ideas	아이디어를 연결하다
current	a. 현재의, 지금의	current situation	현재 상황
struggle	n. 고난, 투쟁	endure a struggle	고난을 견디다
endure	v. 견디다, 참다	endure hardship	어려움을 견디다
perseverance	n. 인내, 끈기	show perseverance	인내를 보이다
assurance	n. 확신, 보장	offer assurance	확신을 주다
reinforce	v. 강화하다	reinforce a habit	습관을 강화하다

Hope acts as a bridge between where you are now and where you want to go. It helps you endure struggles with perseverance, offering assurance that better days lie ahead. By fostering hope, you reinforce your ability to keep pushing forward.

희망은 현재의 위치와 여러분이 가고자 하는 곳을 이어주는 다리 역할을 합니다. 그것은 어려움을 견디고 인내할 수 있도록 도와주며, 더 나은 날이 올 것이라는 확신을 줍니다. 희망을 키움으로써, 앞으로 계속 나아갈 수 있는 능력을 강화하게 됩니다.

81. DATE. 20 . . .

"Hope anchors the soul, keeping you steady even when life's turbulent waters rise."

희망은 영혼을 붙잡아, 인생의 격동적인 물결이 일어날 때에도 당신을 흔들림 없이 지켜준다.

기출 Vocabulary

anchor	v. 고정하다, 붙잡다	anchor a ship	배를 정박하다
soul	n. 영혼	touch the soul	영혼을 감동시키다
steady	a. 안정된	keep steady	안정된 상태를 유지하다
turbulent	a. 격동의, 혼란스러운	turbulent times	격동의 시기
stabilize	v. 안정시키다	stabilize a situation	상황을 안정시키다
uncertainty	n. 불확실성	face uncertainty	불확실성에 직면하다
sweep away	v. 쓸어버리다	sweep away doubts	의심을 없애다
grounded	a. 현실적인, 안정된	stay grounded	현실감을 유지하다

Hope serves as a stabilizing force in times of chaos or uncertainty. It prevents you from being swept away by challenges and keeps you grounded. When life becomes difficult, hope provides the inner strength to maintain focus and resilience.

희망은 혼란이나 불확실한 시기에 안정적인 힘으로 작용합니다. 그것은 도전에 휩쓸리지 않도록 막아주며, 여러분을 단단히 지탱해 줍니다. 삶이 어려워질 때, 희망은 집중력과 회복탄력성을 유지할 수 있는 내면의 힘을 제공합니다.

_____

_____

_____

_____

_____

_____

_____

_____

_____

82. DATE. 20 . . .

"Even in the darkest moments, hope acts as a silent guardian, reminding you that light will return."

가장 어두운 순간에도 희망은 조용한 수호자처럼, 빛이 돌아올 것임을 상기시켜준다.

_____

_____

_____

_____

기출 Vocabulary

silent	a. 고요한, 조용한	remain silent	침묵을 유지하다
guardian	n. 보호자	act as a guardian	보호자 역할을 하다
remind	v. 상기시키다	remind of hope	희망을 상기시키다
invisible	a. 보이지 않는	invisible force	보이지 않는 힘
bleak	a. 암울한, 황량한	a bleak outlook	암울한 전망
reassure	v. 안심시키다	reassure someone	누군가를 안심시키다
endure	v. 견디다, 참다	endure hardship	고난을 견디다
hardship	n. 고난, 어려움	face hardship	고난에 직면하다

Hope is like an invisible protector that stands by your side when life feels bleak. It reassures you that, no matter how dark it gets, light will eventually shine through. Trusting in hope helps you endure hardships with strength and patience.

희망은 삶이 암울할 때 곁을 지켜주는 보이지 않는 보호자와 같습니다. 어떤 어둠이 온다 하더라도 결국 빛이 비칠 것이라는 확신을 줍니다. 희망을 신뢰하면 힘과 인내로 어려움을 견뎌낼 수 있게 됩니다.

---

83. DATE. 20 . . .

"A hopeful heart is impervious to doubt, choosing to shine even when others surrender to darkness."

희망으로 가득 찬 마음은 의심에 흔들리지 않으며, 다른 이들이 어둠에 굴복할 때도 빛나기를 선택한다.

기출 Vocabulary

impervious	a. 영향을 받지 않는	impervious to criticism	비판에 영향을 받지 않는
shine	v. 빛나다, 두드러지다	shine with confidence	자신감으로 빛나다
surrender	v. 항복하다	surrender to despair	절망에 굴복하다
filled with	a. ~으로 가득 찬	filled with hope	희망으로 가득 찬
remain	v. 남다	remain strong	강하게 남다
negativity	n. 부정적 태도	combat negativity	부정적인 태도와 싸우다
ensure	v. 보장하다	ensure success	성공을 보장하다
strive	v. 애쓰다	strive for excellence	탁월함을 위해 노력하다

A heart filled with hope remains strong in the face of negativity or doubt. While others may give up, hope gives you the courage to keep pushing forward and stay positive. It ensures that you continue striving for what you believe in, no matter the challenges.

희망으로 가득 찬 마음은 부정적인 생각이나 의심을 맞닥뜨렸을 때도 강인함을 유지합니다. 다른 사람들이 포기할 때에도, 희망은 당신에게 앞으로 계속 나아가고 긍정적인 태도를 유지할 용기를 줍니다. 그것은 어떤 도전에도 반드시 당신이 믿는 것을 위해 계속 노력할 수 있도록 해줍니다.

_____

_____

_____

_____

_____

_____

_____

_____

"Hope is the compass that points you toward unexplored paths of possibility."

희망은 가능성이라는 미지의 길로 당신을 안내하는 나침반이다.

기출 Vocabulary

compass	n. 나침반	follow a compass	나침반을 따르다
unexplored	a. 탐험되지 않은	unexplored territory	탐험되지 않은 영역
possibility	n. 가능성	explore a possibility	가능성을 탐구하다
unsure	a. 확신하지 못하는	feel unsure	확신이 서지 않다
consider	v. 고려하다, 숙고하다	consider options	선택지를 고려하다
trust	v. 신뢰하다, 믿다	trust the process	과정을 믿다
growth	n. 성장, 발달	encourage growth	성장을 독려하다
fulfillment	n. 성취, 충족	seek fulfillment	성취를 추구하다

Hope serves as a guide when you're unsure of which direction to take. It helps you discover new opportunities and paths you might not have considered before. By trusting in hope, you can open yourself to possibilities that lead to growth and fulfillment.

희망은 어떤 방향으로 가야 할지 확신이 서지 않을 때 안내자의 역할을 합니다. 그것은 이전에 생각하지 못했던 새로운 기회와 길을 찾을 수 있도록 도와줍니다. 희망을 신뢰함으로써 성장과 성취로 이어지는 가능성을 열 수 있습니다.

_____

_____

_____

_____

_____

_____

_____

_____

_____

"When fear clouds your mind, let hope be the light that pierces through and shows you the way."

두려움이 마음을 흐릴 때, 희망이 그것을 뚫고 길을 보여주는 빛이 되게 하라.

기출 Vocabulary

cloud	v. 흐리게 하다	cloud judgment	판단을 흐리게 하다
mind	n. 마음, 정신	state of mind	마음의 상태
pierce	v. 꿰뚫다	pierce the darkness	어둠을 꿰뚫다
obscure	v. 흐리게 하다	obscure the truth	진실을 흐리게 하다
situation	n. 상황, 처지	handle a situation	상황을 처리하다
clearly	ad. 분명히, 명확히	speak clearly	분명히 말하다
regain	v. 되찾다, 회복하다	regain control	통제력을 되찾다
focus	n. 집중, 초점	maintain focus	집중을 유지하다

Fear can obscure your thoughts and make situations seem worse than they are. Hope acts as a guiding light that cuts through fear and helps you see clearly. With hope, you can regain focus and find a path forward.

두려움은 생각을 흐리게 하여 상황을 실제보다 더 나쁘게 보이게 만들 수 있습니다. 희망은 두려움을 뚫고 나아가며 명확하게 볼 수 있도록 도와주는 등대와 같은 역할을 합니다. 희망이 있으면 다시 집중력을 되찾고 앞으로 나아갈 길을 찾을 수 있습니다.

---

86. DATE. 20 . . .

"In every storm, hope is the anchor that keeps you steady and prevents you from drifting."

모든 폭풍 속에서 희망은 당신을 흔들림 없이 붙들어주고 떠내려가지 않게 해주는 닻이다.

기출 Vocabulary

anchor	n. 닻, 고정 장치	drop an anchor	닻을 내리다
steady	a. 안정된	maintain a steady pace	꾸준한 속도를 유지하다
prevent	v. 막다, 방지하다	prevent a crisis	위기를 방지하다
drift	v. 표류하다, 떠내려가다	drift aimlessly	목적 없이 떠내려가다
ground	v. 안정시키다	ground you	당신을 안정시키다
stability	n. 안정성, 안정	economic stability	경제적 안정
chaotic	a. 혼란스러운	chaotic situation	혼란스러운 상황
resilience	n. 회복력, 탄력성	build resilience	회복력을 기르다

During difficult times, it's easy to feel lost or overwhelmed. Hope acts as an anchor, grounding you and providing stability when everything around you is chaotic. Trusting in hope means believing in your resilience and ability to overcome challenges.

어려운 시기에는 길을 잃었거나 압도된 느낌을 받기 쉽습니다. 희망은 닻과 같은 역할을 하여, 주변이 모두 혼란스러울 때에도 여러분을 단단히 지탱해 주고 안정감을 제공합니다. 희망을 신뢰한다는 것은 여러분의 회복력과 어려움을 극복할 능력을 믿는다는 의미입니다.

_____

_____

_____

_____

_____

_____

_____

_____

_____

_____

"Hope does not erase the struggle, but it makes the journey endurable."

희망은 고난을 없애주지는 않지만, 그 여정을 견딜 수 있게 만든다.

_____

_____

_____

_____

기출 Vocabulary

erase	v. 지우다, 없애다	erase memories	기억을 지우다
struggle	n. 고난, 투쟁	face a struggle	고난에 맞서다
journey	n. 여정, 여행	embark on a journey	여정을 시작하다
endurable	a. 견딜 수 있는	make it endurable	견딜 수 있게 만들다
manageable	a. 감당할 수 있는	seem manageable	감당할 수 있을 것처럼 보이다
remove	v. 제거하다	remove obstacles	장애물을 제거하다
hardship	n. 어려움, 역경	endure hardship	어려움을 견디다
patience	n. 인내, 끈기	have patience	인내심을 가지다

Challenges and struggles are a part of life, but hope makes those times more manageable. It doesn't remove the hardship, but it gives you the strength to keep going. With hope, even the most difficult journeys can be endured with courage and patience.

도전과 고난은 삶의 일부이지만, 희망은 그 시기를 견딜 수 있게 합니다. 희망이 고난을 없애주지는 않지만, 계속 나아갈 수 있는 힘을 줍니다. 희망이 있으면 가장 어려운 여정도 용기와 인내로 견뎌낼 수 있습니다.

_____

_____

_____

_____

_____

_____

_____

_____

_____

_____

_____

88. DATE. 20 . . .

"Let hope sprout in your heart like a seed and watch it grow into a forest of strength."

희망이 당신의 마음속에서 씨앗처럼 싹트게 하고, 그것이 힘의 숲으로 자라는 것을 지켜보라.

_____

_____

_____

_____

기출 Vocabulary

sprout	v. 싹트다, 발아하다	sprout new ideas	새로운 아이디어가 싹트다
seed	n. 씨앗	plant a seed	씨앗을 심다
grow	v. 자라다, 성장하다	grow rapidly	빠르게 자라다
forest	n. 숲	explore a forest	숲을 탐험하다
potential	n. 가능성, 잠재력	realize potential	잠재력을 실현하다
nurture	v. 양육하다, 기르다	nurture talent	재능을 키우다
resilience	n. 회복력	show resilience	회복력을 보이다
foundation	n. 기초, 기반	build a foundation	기반을 쌓다

Hope starts small, like a seed, but it has the potential to grow into something powerful. When nurtured, it turns into resilience and inner strength. Believing in hope helps you build a solid foundation to face any challenge.

희망은 씨앗처럼 작게 시작되지만, 강력한 무언가로 성장할 잠재력을 가지고 있습니다. 잘 가꾸면 희망은 회복력과 내면의 힘으로 변합니다. 희망을 믿으면 어떠한 도전에도 맞설 수 있는 견고한 기반을 구축할 수 있게 됩니다.

_____

_____

_____

_____

_____

_____

_____

_____

_____

_____

"Hope resides in the small moments of belief that tomorrow can be brighter."

희망은 내일이 더 밝을 수 있다는 작은 믿음의 순간들 속에 존재한다.

_____

_____

_____

_____

기출 Vocabulary

reside	v. 존재하다	reside in hope	희망 속에 존재하다
moment	n. 순간	cherish a moment	순간을 소중히 하다
belief	n. 믿음	hold a belief	믿음을 가지다
bright	a. 밝은, 빛나는	bright future	밝은 미래
overwhelming	a. 압도적인	overwhelming odds	압도적인 역경
exist	v. 존재하다, 살아가다	exist in harmony	조화롭게 존재하다
confidence	n. 자신감	boost confidence	자신감을 높이다
carry	v. 운반하다, 이끌다	carry an idea	아이디어를 전달하다

Hope isn't always loud or overwhelming; sometimes, it exists in the smallest beliefs. These moments of quiet confidence carry you through difficult times. Holding onto hope means believing that the future can be better, even when it's hard to see how.

희망은 항상 떠들썩하거나 압도적이지는 않습니다; 때로는 가장 작은 믿음 속에 존재합니다. 이러한 조용한 확신의 순간들이 어려운 시기를 헤쳐 나가도록 해줍니다. 희망을 놓지 않는다는 것은 미래가 더 나아질 수 있다고 믿는 것이며, 비록 그 방법이 명확히 보이지 않더라도 그 믿음을 유지하는 것입니다.

---

90. DATE. 20 . . .

"Hope whispers in the silence when you think all is lost, reminding you that dawn always follows the night."

모든 것을 잃었다는 생각이 들 때, 희망은 침묵 속에서 속삭이며 밤 뒤에는 항상 새벽이 따른다는 것을 상기시킨다.

_____

_____

_____

_____

기출 Vocabulary

whisper	v. 속삭이다	whisper softly	부드럽게 속삭이다
silence	n. 침묵	break the silence	침묵을 깨다
lost	a. 길을 잃은, 상실한	feel lost	길을 잃은 기분이 들다
remind	v. 상기시키다	remind of hope	희망을 상기시키다
dawn	n. 새벽, 시작	await the dawn	새벽을 기다리다
follow	v. 따르다, 뒤를 잇다	follow the path	길을 따르다
uncertain	a. 불확실한	uncertain times	불확실한 시기
promise	v. 약속하다	promise results	결과를 약속하다

Even in the darkest times, hope can be found in the quiet moments when we listen carefully. It is the quiet voice that encourages you not to give up, even when everything seems uncertain. Just as night ends with dawn, hope promises new beginnings after struggles.

가장 어두운 시기에도 귀를 기울이면 고요한 순간 속에서 희망을 찾아낼 수 있습니다. 그것은 모든 것이 불확실해 보일 때에도 포기하지 말라고 격려해 주는 낮은 목소리입니다. 밤이 끝나면 새벽이 오듯이, 희망은 어려움 후에 새로운 시작을 약속합니다.

_____

_____

_____

_____

_____

_____

_____

_____

_____

91. DATE. 20 . . .

"When the world feels overwhelming, hope becomes the compass that guides you toward your true path."

세상이 벅차게 느껴질 때, 희망은 당신을 진정한 길로 이끄는 나침반이 되어준다.

기출 Vocabulary

overwhelming	a. 감당하기 어려운	overwhelming emotions	감당하기 어려운 감정
align	v. 조화시키다	align with goals	목표와 조화를 이루다
challenge	n. 도전, 난제	face a challenge	도전에 직면하다
trust	v. 신뢰하다, 믿다	trust the process	과정을 믿다
navigate	v. 길을 찾다, 처리하다	navigate uncertainty	불확실성을 헤쳐 나가다
obstacle	n. 장애물, 방해	overcome an obstacle	장애물을 극복하다
purpose	n. 목적, 의도	find a purpose	목적을 찾다

Life can sometimes feel overwhelming, full of challenges and uncertainty. Hope serves as a guiding force, pointing you in the direction that aligns with your values and dreams. Trusting in hope helps you navigate obstacles and stay true to your purpose.

삶은 도전과 불확실함으로 가득 차서 때때로 벅차게 느껴질 수 있습니다. 희망은 여러분의 가치와 꿈에 맞는 방향을 가리키는 안내자 역할을 합니다. 희망에 대한 믿음은 여러분이 장애물을 헤쳐 나갈 수 있고 목적에 충실할 수 있도록 도와줍니다.

---

92. DATE. 20   .   .   .

"Hope is like a fragile flame; it needs nurturing and faith to burn brighter."

희망은 꺼지기 쉬운 불꽃과 같아서 더 밝게 타오르기 위해서는 돌봄과 믿음이 필요하다.

_____

_____

_____

_____

기출 Vocabulary

fragile	a. 깨지기 쉬운	fragile relationship	깨지기 쉬운 관계
flame	n. 불꽃	ignite a flame	불꽃에 불을 붙이다
nurture	v. 양육하다, 키우다	nurture a dream	꿈을 키우다
faith	n. 믿음, 신뢰	keep faith	믿음을 지키다
positivity	n. 긍정성	spread positivity	긍정성을 퍼뜨리다
fuel	v. 불을 붙이다, 자극하다	fuel enthusiasm	열정을 불러일으키다
resilient	a. 회복력 있는	a resilient mindset	회복력 있는 사고방식
darkness	n. 어둠	emerge from darkness	어둠에서 벗어나다

Hope starts as something small and fragile, like a flame. To help it grow and shine, you need to nurture it with positivity and trust. The more you fuel your hope, the brighter and more resilient it becomes, guiding you through the darkness.

희망은 작은 불꽃처럼 작고 연약하게 시작됩니다. 그것이 자라고 빛나게 하려면 긍정과 신뢰로 가꿔야 합니다. 희망은 키우면 키울수록 더 강인하고 밝아져 어둠 속에서 당신을 인도하게 됩니다.

93. DATE. 20　　•　　•　　•

"In the storm of doubt, hope is the small ray of light that guides you through."

의심의 폭풍 속에서, 희망은 당신을 인도하는 작은 빛줄기다.

_____

_____

_____

_____

기출 Vocabulary

doubt	n. 의심, 불확실성	cast doubt	의심을 제기하다
ray	n. 광선, 빛줄기	a ray of hope	희망의 한 줄기
surround	v. 둘러싸다	surround with support	지지로 둘러싸다
persistent	a. 끈질긴, 지속적인	persistent effort	끈질긴 노력
offer	v. 제공하다, 제안하다	offer assistance	도움을 제공하다
clarity	n. 명확성, 투명성	gain clarity	명확성을 얻다
reassurance	n. 안심, 확신	provide reassurance	안심을 제공하다
chaotic	a. 혼란스러운, 무질서한	chaotic situation	혼란스러운 상황

When surrounded by uncertainty and doubt, it's easy to feel lost. Hope acts as a small yet persistent light, guiding you forward. It offers clarity and reassurance when everything else feels chaotic.

불확실성과 의심에 둘러싸여 있을 때는 길을 잃은 듯한 기분이 들기 쉽습니다. 희망은 작지만 꾸준한 빛처럼 여러분을 앞으로 이끌어줍니다. 그것은 다른 모든 것이 혼란스럽게 느껴질 때 명확함과 안도감을 줍니다.

---

94. DATE. 20 ⠀ • ⠀ • ⠀ •

"Even a single act of kindness can spark hope and transform someone's entire day."

단 한 번의 친절이 희망을 불러일으키며 누군가의 하루 전체를 변화시킬 수 있다.

_____

_____

_____

_____

기출 Vocabulary

kindness	n. 친절	show kindness	친절을 베풀다
spark	v. 촉발하다	spark hope	희망을 불러일으키다
transform	v. 변화시키다	transform a day	하루를 변화시키다
entire	a. 전체의, 완전한	entire journey	전체 여정
impact	n. 영향, 충격	have an impact on	~에 영향을 미치다
spark	v. 불러일으키다	spark interest	흥미를 불러일으키다
demonstrate	v. 보여주다	demonstrate ability	능력을 보여주다
intertwine	v. 연결하다	intertwine hope and actions	희망과 행동을 연결하다

Sometimes, the smallest gestures can have the greatest impact. A single moment of kindness can be enough to spark hope in someone who may be struggling. This demonstrates how hope and positive actions are intertwined, capable of transforming a day.

때로는 가장 작은 행동이 가장 큰 영향을 미칠 수 있습니다. 단 한 번의 친절이 어려움을 겪고 있는 누군가에게는 충분히 희망의 불씨를 지필 수도 있습니다. 이는 희망과 긍정적인 행동이 서로 얽혀 있으며 하루를 변화시킬 수 있음을 보여줍니다.

_____

_____

_____

_____

_____

_____

_____

_____

_____

_____

95. DATE. 20 . . .

"Hope doesn't need to be grand; sometimes, it's the simple belief that tomorrow will be better."

희망은 거대할 필요가 없다. 때로 그것은 내일이 더 나아질 것이라는 단순한 믿음일 뿐이다.

_____

_____

_____

_____

기출 Vocabulary

grand	a. 웅장한	a grand event	웅장한 행사
belief	n. 믿음	hold a belief	믿음을 가지다
simple	a. 단순한	keep it simple	단순하게 유지하다
better	a. 더 나은	a better future	더 나은 미래
complex	a. 복잡한	a complex problem	복잡한 문제
powerful	a. 강력한	a powerful message	강력한 메시지
move	v. 움직이다, 감동시키다	move forward	앞으로 나아가다
challenging	a. 도전적인, 힘든	a challenging situation	도전적인 상황

Hope isn't always a grand or complex feeling. It can be as simple as believing that a new day holds better things. This small, yet powerful belief helps you keep moving forward, no matter how challenging today may be.

희망은 항상 거창하거나 복잡한 감정이 아닙니다. 새로운 날이 더 나은 것을 가져다줄 것이라는 단순한 믿음일 수 있습니다. 이 작지만 강력한 믿음은 오늘이 아무리 힘들지라도 계속해서 앞으로 나아갈 수 있게 도와줍니다.

_____

_____

_____

_____

_____

_____

_____

_____

_____

96. DATE. 20 . . .

"In a world full of noise, hope is the steady whisper that says, 'Keep going.'"

소음으로 가득 찬 세상에서, 희망은 '계속 나아가라'라고 말하는 한결같은 속삭임이다.

_____

_____

_____

_____

기출 Vocabulary

steady	a. 꾸준한, 안정된	a steady pace	꾸준한 속도
whisper	n. 속삭임	hear a whisper	속삭임을 듣다
amid	prep. ~의 한가운데	amid chaos	혼란 속에서
chaos	n. 혼란	descend into chaos	혼란에 빠지다
distraction	n. 주의 산만, 방해	avoid distractions	방해를 피하다
consistent	a. 한결같은, 일관된	consistent effort	일관된 노력
perseverance	n. 인내	show perseverances	인내를 보이다
odds	n. 역경, 가능성	overcome the odds	역경을 극복하다

Amidst life's chaos and distractions, hope is the calm, consistent voice that encourages perseverance. It's not always loud or obvious, but it's always present, giving strength when needed most. This voice helps you continue despite the odds.

삶의 혼란과 산만함 속에서도, 희망은 인내를 격려하는 차분하고 변함 없는 목소리입니다. 항상 크거나 눈에 띄지는 않아도, 항상 필요할 때 힘을 주며. 이 목소리는 역경에도 불구하고 계속 나아갈 수 있도록 도와줍니다.

_____

_____

_____

_____

_____

_____

_____

_____

_____

_____

97. DATE. 20 . . .

"Hope is not just for the days when the sun shines; it is for the days when the storm rages the most."

희망은 태양이 빛나는 날만을 위한 것이 아니라, 폭풍이 가장 거세게 몰아칠 때를 위한 것이다.

기출 Vocabulary

storm	n. 폭풍	weather a storm	폭풍을 견디다
rage	v. 맹렬히 계속되다	storm rages	폭풍이 맹렬히 계속되다
tough	a. 힘든, 어려운	tough decision	어려운 결정
inner	a. 내면의	inner strength	내면의 힘
withstand	v. 견디다	withstand pressure	압력을 견디다
sustain	v. 지탱하다, 유지하다	sustain hope	희망을 유지하다
challenge	n. 도전	embrace challenges	도전을 받아들이다
moment	n. 순간	cherish a moment	순간을 소중히 하다

True hope isn't tested when everything is easy but when times are tough. It's the inner light that helps you withstand life's storms. Remember that hope is what sustains you through life's greatest challenges and darkest moments.

진정한 희망은 모든 일이 수월할 때가 아닌, 어려운 시기에 시험받습니다. 그것은 인생의 폭풍을 견딜 수 있게 해주는 내면의 빛입니다. 희망은 인생의 가장 큰 도전과 가장 어두운 순간을 버티게 해준다는 것을 기억하세요.

_____

_____

_____

_____

_____

_____

_____

_____

_____

98. DATE. 20 . . .

"Hope is woven into every dream, providing the strength to turn it into reality."

희망은 모든 꿈에 엮여 있어, 그것이 현실이 될 수 있는 힘을 부여한다.

_____

_____

_____

_____

기출 Vocabulary

woven	a. 엮인, 짜인	be woven into fabric	직물에 엮이다
fragile	a. 부서지기 쉬운, 약한	fragile items	깨지기 쉬운 물건들
resilience	n. 회복력, 탄력성	develop resilience	회복력을 기르다
withstand	v. 견디다, 저항하다	withstand pressure	압력을 견디다
obstacle	n. 장애물, 방해	overcome an obstacle	장애물을 극복하다
fade	v. 희미해지다, 사라지다	fade into obscurity	희미해져 잊히다
gain	v. 얻다, 획득하다	gain experience	경험을 얻다
flourish	v. 번영하다	flourish in adversity	역경 속에서 번영하다

Dreams are fragile on their own, but hope strengthens them. It gives dreams the resilience they need to withstand obstacles. Without hope, even the greatest dreams can fade away; but with it, they gain the power to flourish.

꿈은 그 자체로는 연약하지만, 희망이 그것을 강하게 만듭니다. 희망은 꿈이 장애물을 견딜 수 있는 회복력을 제공합니다. 희망이 없으면 아무리 위대한 꿈이라도 사라질 수 있지만, 희망이 있으면 그 꿈은 번성할 힘을 얻게 됩니다.

99. DATE. 20 . . .

"When you embrace hope, even the smallest steps become progress."
희망을 품을 때는 가장 작은 걸음도 진보가 된다.

기출 Vocabulary

embrace	v. 받아들이다	embrace change	변화를 받아들이다
hope	n. 희망	hold onto hope	희망을 붙들다
progress	n. 진보	make progress	진보하다
leap	n. 도약	take a leap	도약하다
allow	v. 허락하다, 허용하다	allow access	접근을 허용하다
value	n. 가치	recognize the value	가치를 인식하다
count	v. 중요하다	every point counts	모든 점수가 중요하다
goal	n. 목표	set a goal	목표를 세우다

Progress isn't always about big leaps; it often comes from the small steps you take each day. Embracing hope allows you to see the value in those small efforts. Each step, no matter how small, counts toward your goals.

진보는 항상 큰 도약에서 오는 것이 아니라, 매일 걷는 작은 걸음에서 비롯됩니다. 희망을 받아들이는 것은 그러한 작은 노력의 가치를 보게 해줍니다. 아무리 작더라도 내딛는 매 걸음은 목표를 향해 가는 데 중요한 역할을 합니다.

---

100. DATE. 20 . . .

"The essence of hope is not just about waiting, but about moving forward when everything seems stalled."

희망의 본질은 단지 기다리는 것이 아니라, 모든 것이 멈춰 있는 듯할 때에도 계속 나아가는 것이다.

기출 Vocabulary

essence	n. 본질	capture the essence	본질을 포착하다
stalled	a. 정체된	feel stalled	정체된 기분이 들다
proactive	a. 주도적인	a proactive approach	주도적인 접근
passive	a. 수동적인, 소극적인	remain passive	수동적인 상태로 남다
involve	v. 포함하다, 관련되다	involve effort	노력을 포함하다
nonexistent	a. 존재하지 않는	nonexistent evidence	실재하지 않는 증거
mindset	n. 사고방식	positive mindset	긍정적인 사고방식
transform	v. 변화시키다	transform a situation	상황을 변화시키다

Hope is proactive, not passive. It involves taking action and moving ahead, even when progress seems slow or nonexistent. This mindset transforms hope into a powerful force that drives you to keep going.

희망은 수동적인 것이 아니라, 능동적입니다. 그것은 진전이 느리거나 보이지 않을 때에도 행동하고 앞으로 나아가는 것을 수반합니다. 이러한 사고방식은 희망을 계속해서 나아가게 하는 강력한 힘으로 바꿔줍니다.

강철멘탈

ⓒ정승익

초판 1쇄 인쇄 | 2025년 2월 15일

지은이 | 정승익
편집인 | 김진호
디자인 | 김다현
마케팅 | 네버기브업

펴낸곳 | 네버기브업
ISBN | 979-11-990158-7-6(53190)

이메일 | nevernevergiveup2024@gmail.com